思想学术系列

方志史话

A Brief History of Local Records in China

卫家雄 / 著

社会科学文献出版社
SOCIAL SCIENCES ACADEMIC PRESS (CHINA)

图书在版编目（CIP）数据

方志史话/卫家雄著. —北京：社会科学文献出版社，2011.8
（中国史话）
ISBN 978 - 7 - 5097 - 2513 - 9

Ⅰ.①方…　Ⅱ.①卫…　Ⅲ.①方志学 - 中国
Ⅳ.①K290

中国版本图书馆 CIP 数据核字（2011）第 131405 号

"十二五"国家重点出版规划项目

中国史话·思想学术系列

方志史话

著　　者/卫家雄

出 版 人/谢寿光
总 编 辑/邹东涛
出 版 者/社会科学文献出版社
地　　址/北京市西城区北三环中路甲 29 号院 3 号楼华龙大厦
邮政编码/100029

责任部门/人文科学图书事业部　（010）59367215
电子信箱/renwen@ ssap. cn
责任编辑/赵子光　赵　亦
责任校对/陈晓永
责任印制/岳　阳
总 经 销/社会科学文献出版社发行部
　　　　　（010）59367081　59367089
读者服务/读者服务中心（010）59367028

印　　装/北京画中画印刷有限公司
开　　本/889mm×1194mm　1/32　印张/5.625
版　　次/2011 年 8 月第 1 版　　字数/104 千字
印　　次/2011 年 8 月第 1 次印刷
书　　号/ISBN 978 - 7 - 5097 - 2513 - 9
定　　价/15.00 元

总　序

中国是一个有着悠久文化历史的古老国度，从传说中的三皇五帝到中华人民共和国的建立，生活在这片土地上的人们从来都没有停止过探寻、创造的脚步。长沙马王堆出土的轻若烟雾、薄如蝉翼的素纱衣向世人昭示着古人在丝绸纺织、制作方面所达到的高度；敦煌莫高窟近五百个洞窟中的两千多尊彩塑雕像和大量的彩绘壁画又向世人显示了古人在雕塑和绘画方面所取得的成绩；还有青铜器、唐三彩、园林建筑、宫殿建筑，以及书法、诗歌、茶道、中医等物质与非物质文化遗产，它们无不向世人展示了中华五千年文化的灿烂与辉煌，展示了中国这一古老国度的魅力与绚烂。这是一份宝贵的遗产，值得我们每一位炎黄子孙珍视。

历史不会永远眷顾任何一个民族或一个国家，当世界进入近代之时，曾经一千多年雄踞世界发展高峰的古老中国，从巅峰跌落。1840 年鸦片战争的炮声打破了清帝国"天朝上国"的迷梦，从此中国沦为被列强宰割的羔羊。一个个不平等条约的签订，不仅使中国大量的白银外流，更使中国的领土一步步被列强侵占，国库亏空，民不聊生。东方古国曾经拥有的辉煌，也随着西方列强坚船利炮的轰击而烟消云散，中国一步步堕入了半殖民地的深渊。不甘屈服的中国人民也由此开始了救国救民、富国图强的抗争之路。从洋务运动到维新变法，从太平天国到辛亥革命，从五四运动到中国共产党领导的新民主主义革命，中国人民屡败屡战，终于认识到了"只有社会主义才能救中国，只有社会主义才能发展中国"这一道理。中国共产党领导中国人民推倒三座大山，建立了新中国，从此饱受屈辱与蹂躏的中国人民站起来了。古老的中国焕发出新的生机与活力，摆脱了任人宰割与欺侮的历史，屹立于世界民族之林。每一位中华儿女应当了解中华民族数千年的文明史，也应当牢记鸦片战争以来一百多年民族屈辱的历史。

当我们步入全球化大潮的21世纪，信息技术革命迅猛发展，地区之间的交流壁垒被互联网之类的新兴交流工具所打破，世界的多元性展示在世人面前。世界上任何一个区域都不可避免地存在着两种以上文化的交汇与碰撞，但不可否认的是，近些年来，随着市场经济的大潮，西方文化扑面而来，有些人唯西方为时尚，把民族的传统丢在一边。大批年轻人甚至比西方人还热衷于圣诞节、情人节与洋快餐，对我国各民族的重大节日以及中国历史的基本知识却茫然无知，这是中华民族实现复兴大业中的重大忧患。

中国之所以为中国，中华民族之所以历数千年而不分离，根基就在于五千年来一脉相传的中华文明。如果丢弃了千百年来一脉相承的文化，任凭外来文化随意浸染，很难设想13亿中国人到哪里去寻找民族向心力和凝聚力。在推进社会主义现代化、实现民族复兴的伟大事业中，大力弘扬优秀的中华民族文化和民族精神，弘扬中华文化的爱国主义传统和民族自尊意识，在建设中国特色社会主义的进程中，构建具有中国特色的文化价值体系，光大中华民族的优秀传统文化是一件任重而道远的事业。

当前，我国进入了经济体制深刻变革、社会结构深刻变动、利益格局深刻调整、思想观念深刻变化的新的历史时期。面对新的历史任务和来自各方的新挑战，全党和全国人民都需要学习和把握社会主义核心价值体系，进一步形成全社会共同的理想信念和道德规范，打牢全党全国各族人民团结奋斗的思想道德基础，形成全民族奋发向上的精神力量，这是我们建设社会主义和谐社会的思想保证。中国社会科学院作为国家社会科学研究的机构，有责任为此作出贡献。我们在编写出版《中华文明史话》与《百年中国史话》的基础上，组织院内外各研究领域的专家，融合近年来的最新研究，编辑出版大型历史知识系列丛书——《中国史话》，其目的就在于为广大人民群众尤其是青少年提供一套较为完整、准确地介绍中国历史和传统文化的普及类系列丛书，从而使生活在信息时代的人们尤其是青少年能够了解自己祖先的历史，在东西南北文化的交流中由知己到知彼，善于取人之长补己之短，在中国与世界各国愈来愈深的文化交融中，保持自己的本色与特色，将中华民族自强不息、厚德载物的精神永远发扬下去。

《中国史话》系列丛书首批计 200 种，每种 10 万字左右，主要从政治、经济、文化、军事、哲学、艺术、科技、饮食、服饰、交通、建筑等各个方面介绍了从古至今数千年来中华文明发展和变迁的历史。这些历史不仅展现了中华五千年文化的辉煌，展现了先民的智慧与创造精神，而且展现了中国人民的不屈与抗争精神。我们衷心地希望这套普及历史知识的丛书对广大人民群众进一步了解中华民族的优秀文化传统，增强民族自尊心和自豪感发挥应有的作用，鼓舞广大人民群众特别是新一代的劳动者和建设者在建设中国特色社会主义的道路上不断阔步前进，为我们祖国美好的未来贡献更大的力量。

陈奎元

2011 年 4 月

目 录

引 言

　　方志——中华民族的瑰宝，在华夏大地上已历经千百年的沧桑。何谓方志？方志又是怎样沿着历史发展的轨迹，由幼稚走向成熟的？它的价值如何？不少学者曾经不遗余力地进行过有价值的探索。本书在融汇前人研究的基础上，阐述了笔者的某些拙见，并尽量用通俗的文字，对我国方志发展的基本脉络和主要特点进行介绍。本书主要介绍方志的发展，但为了说明的方便，有时又不得不涉及与方志有密切关系，但严格说来不属方志的全国地理总志。本书述及的方志的编纂截止时间为民国时期。因新中国成立以后，特别是党的十一届三中全会以来，我国进入了一个地方志事业空前繁荣发展的新时期，需要另外进行专门的研究和介绍。希冀广大读者阅后或有所得。特别希望专家学者指出谬误。

一　方志概说

　　方志，亦称地方志，是 5000 年华夏文明培育而成的一种特殊文化。千百年来，尽管世事变化无常，朝代更迭不断，但编修方志的工作基本上没有间断。可以说，这已经成为中华民族文化的一种优良传统。在留存至今的丰富古代典籍中，方志所占的比例不小，据不完全统计，现存旧时代志书有 8000 多种，约占现存古籍的十分之一。

　　作为记载一定地区（或行政区划）自然和社会各个方面的历史与现状的综合性著述，方志涵盖的内容相当广泛，举凡一地的建置、沿革、疆域、民族、人口、山川、津梁、关隘、名胜、资源、物产、气候、天文、灾异、人物、文化、教育、宗教、风俗……都为其所包容。宋代大史学家司马光称地方志为"博物之书"；清代方志学家章学诚赞誉方志是"一方之书"、"国史之羽翼"。英国汉学家伟烈亚力认为"在中国出现的一系列方志，无论从它们的广度来看，还是从它们的有系统的全面性方面来看，都是任何国家的同类文献所不能比拟的。"（英·李约瑟《中国科学技术在封建社会，方志有"辅政资治"、"国史取裁"、"弘宣风教"等功能。后人概括为"资治、存史、教化"三种作用。也就是说，方志有助于统治者对地方乃至全国的治理，保存了大量"国史文阙"的地方史料，有利于封建伦理道德的宣扬。因此，方志一直受到历代政府的重视。

和任何事物一样，方志也有自己的发生、发展的历史。要了解方志的历史，首先要对方志的一般知识有个概略的认识。

方志的名称

"方志"一词，最早见于《周礼》。《周礼》又名《周官》，其中的《地官司徒》篇说："诵训，掌道方志"。多数学者认为，《周礼》成书于战国时期。因此，至迟在战国时期，"方志"之名已见于文献记载。

那么，先秦时的"方志"是否就是今天我们所说的方志呢？汉代学者郑玄说："志，记也。谓若鲁之《春秋》、晋之《乘》、楚之《梼杌》。"（《周礼注疏》）显然，当时的"方志"只不过是指诸侯国的史书。但是，至少在用词上，后世的方志受到过《周官》的启示。

历史上的方志曾有过众多的名目，即使在同样的名目下，也有着朝代、年号、地称上的种种差异。这些都表明方志体例有一个不断发展完善的过程，也显现出方志成型进程中的各个阶段的不同特点。这些名目大致有：

（1）图经

又称图志、图记。李宗谔《祥符州县图经序》说："图则作绘之名，经则载言之别。"（《玉海》卷十四）可见，图经是地图与说明文字的合称。

图经的形式起源甚早，可能春秋、战国时的"版图"、"土地之图"就带有文字说明。周以后，秦朝的《秦地图》、汉朝的《郡国舆地图》，都是带有说明文字的。但仍未用图经之名。在现存的《华阳国志·巴志》中引有《巴郡图经》的文字。可知东汉时图经的名称已经出现。到了两晋南北朝时期，图经是当时方志通行名目。唐宋则是图经发展的繁盛时期。现存的《沙州图经》、《西州图经》残卷，便是唐时所作，也是今天我们所能见到的图经的最早形式。唐宋时期的图经基本都由官修。南宋以后，图经逐渐没落，到了明清时已甚少使用。它的地位，已被"志"所取代。但并非已消失，个别地区仍在使用，如清代就有《扬州府图经》。

图经刚出现时，经文（"载言"）的作用只不过是对舆图的文字说明。但后来由于涉及图像以外的事物，尤其是人文与自然诸多内容都需要记叙，因此"载言"的分量愈来愈大，相比之下，图的作用相对缩小，出现了《四库全书总目》所说的"末大于本，而舆图反若附录"的现象。

唐宋时还出现"图志"、"图记"的形式，但细观其内容，体例与图经并无多大差异。其实"记"、"志"与经文（"载言"）都是文字记载的意思。可见所谓"图志"、"图记"只不过是图经的变称。唐李吉甫的《元和郡县图志》、宋吕大防的《长安图记》则是一例。其后，图经亦有称"图说"或简称"图"的，如民国的《青海图说》及宋《辰州图》等。

（2）记

《汉书·艺文志》有"左史记言，右史记事"的记载，因此，后人编修方志亦常称为记。

记的名称似起于东汉应劭的《十三州记》，而流行于魏晋隋唐，如魏张晏的《地理记》、晋王隐的《晋地道记》、梁吴均的《十二州记》、后魏徐之才的《宋国都城记》、隋代的《诸郡物产土俗记》、唐陆广微的《吴地记》。可惜除《吴地记》外，这一时期的州郡地记大多失传。宋以后，"记"的名称逐渐为"志"所取代。但北宋《太平寰宇记》以其丰富的内容、体例的空前完备对后来的志书有极大的影响，然而却用"记"之名。这也是十分有意思的事情。

其实"记"和"志"意义都是一样的。清孙诒让跋《永嘉郡记》辑本就曾说过："或称《永嘉地记》，或称《永嘉记》，亦作志。斯并丈偶省易，谊互通假。""志""记"之名虽异，但并无本质、寓意的区别。这种不同，表明了一定历史阶段对于某一方志名目的时尚不同而已。

（3）志

古人称记事之书为志。《周礼》已出现"四方之志"的说法。汉魏以后，以志为名的方志屡有所见。如汉陈述的《益州志》、吴韦昭的《三吴郡国志》等，是专记州郡的。现存最早的以志为名的方志是晋常璩的《华阳国志》，是巴蜀地区的地方志书。而陈顾野王的《舆地志》、北魏阚骃的《十三州志》、唐李泰的《括地志》等，则是全国性的总志。宋元以来志（誌）的名目最为通行，也是方志载籍中数量最为庞大的一种。自宋以后，方志在内容上，由过去的大多只记地理、山川、风土、人物、物产等方面，扩展到天、地、人、社会的各个方面；在体例上，由以往的芜杂不清，变成较为齐备和明朗的形式；各类方志以志为名者也在数量上居多。

宋元以后亦有根据不同规模和性质，冠以"大志"、"备志"、"续志"、"补志"、"新志"、"今志"、"小志"、"私志"的。如明《江西省大志》，清《乍浦备志》、《隆德县续志》、《梅李补志》、《肥城新志》，民国《汲县今志》、《南京小志》和《常熟县私志》等。

（4）传

传是一种以记述地方的人物与风俗为主的志书。多在隋唐以前出现。隋唐以后亦有方志以传为名的，但已非专记人物与风俗，而是与"图经"、"地记"性质相同的内容丰富的地方志书了。如唐《越地传》、《江汉传》等。清以前专记人物与风俗的志书今多已散佚，今天所能看到的只是散见于类书、政书、注文中的片段条文。到了清末民初，又有人撰著这种传，如顾沅的《吴郡名贤象传赞》、马通伯的《桐城耆旧传》、徐世昌的《大清畿辅先哲传》等。

（5）录

录有收集、记录的意思。与"志"、"记"并无体例、内容上的显著区别。但在方志总量中所占的比重较小。

以录为名目的方志，大约始于魏晋，如吴韦昭的《吴兴录》。其后各代也时有所见。如晋虞豫的《会稽典录》，后魏刘芳的《徐地录》，隋无名氏的《京师录》，唐韦述与贾耽的两种《十道录》，宋杨均的《海昌先贤录》、程大昌的《雍录》、高似孙的《剡录》等。其中《雍录》与《剡录》至今所幸仍有存本。清朝还有陈廷桂的《历阳典录》及《濮录》等。

（6）乘

古代有"史乘"之语。孙奭疏《孟子·离娄下》"晋之乘"时说："以其所载以田赋、乘马之事，故以名为乘。"但方志取"乘"为名的，始于元于钦的《齐乘》。明有王齐、唐功的两种《雄乘》，耿定向的《黄安初乘》。清陈弘绪的《南昌郡乘》亦有名。由于"志"和"乘"实际上并无二致，故地方志也有概称为地方志乘的。但这种取法古雅的名目，在方志大家庭中却少得可怜。因为"志乘"与"史乘"虽都名乘，但志与史毕竟有别，多用了易使人误解。

以上6种，在历代方志中均可常见。此外，有些名目则凤毛麟角。如经、书、典、论、志科、谱、考、志余、补、补乘、略、鉴等。这些名目，或沿用旧史的名称，或因袭古籍的篇目，或因增补旧志而得名。但都不通行。虽然名目有别，但内容体例都地地道道是方志。其中，有较高价值的著述亦不乏有之，如晋挚虞的《畿服经》、唐樊绰的《蛮书》等。

编修地方志一般间隔的时间比较短，不少皇朝都一再重修。重修的志书多了，必须区别一个地方重见叠出的志书。因此，除了在志书中修纂者的姓名外，一般还标明撰著的年代。这已经成为一种习惯。最早是以朝代标名，如《秦地图》、《汉郡国舆地图》、《晋地记》、《后魏州地图记》、《隋区宇图志》、《唐汉阳图经》、《元遂安县志》等。这些志书原来并未冠有朝代名称，应是后人为了识别方便加上去的。若是同属一个朝代，同一地域产生几种志书，多在志书的前面加上年号。如《泰始郡国图》、《太康地道记》、《贞元十道录》、《祥符州县图经》、《宝庆四明志》、《至正金陵志》等。光一部《苏州府志》，明清时就有洪武志、正德志、崇祯志、康熙志、乾隆志、道光志、同治志等称谓的区别。当然，这种以帝王的年号来标志该志书的著作年代，大都也是后人加的。目的也是标名同一地区同名志书的著作年代，以示区别。

其次，由于方志所记述的是一个特定的地域，所以必须标以地名。方志名称上的地名，当然其包含的地域概念必须与它所记述的范围相一致。明清以后，除却一统志，省、府、州、县的志书都以特定的地名称谓冠于志书之上。例如，上述的《苏州府志》，无论是明朝的，还是清朝的，虽然年代不同，但所记述范围均为苏州府，所以都称为《苏州府志》。但是，地方建置历代多有变迁，所以同一地方的志书，在不同历史时期称谓亦不同。例如，苏州自春秋吴始建阖闾城算起，曾有吴、吴地、吴州、吴郡、苏州、平江等不同名称，还有姑苏、吴门、吴中等别名。因此，同是苏州志，就有《吴地记》、《苏州图经》、《吴郡志》、《苏州府志》、《姑苏志》等不同题名。一般说来，方志名称上地名的变化，多是该地区建置更迭的反映。如苏州在明清两代建置均为府，所以均名《苏州府志》；民国初，由于府的建置被废，因此，民国时的苏州志即称为《吴县志》。但不少文人有怀旧的习惯，虽然同一地区的建置已有所变化，但仍喜用旧称。如范成大的《吴郡志》成书于南宋绍熙年间，而从北宋政和三年（1113年）升苏州为平江府后，终两宋之世，从未有吴郡的设置。显然，《吴郡志》之名，是对唐以前名称的怀旧。有些作者又有崇尚典雅的习惯，在方志名称中采用地名的别名。如明代王鏊所撰苏州志，不用府名而用别名，称为《姑苏志》。其余，以山名、水名等来代替实际省、府、州、县名命名志书的，亦时有见之。

志书的名称与各自所记述的内容和体例的运用关系密切。如北宋王存奉诏删定《九域图》，而实际上《九域图》"旧名图无绘事"，也就是说没有图，只好"请改曰志"，不称"图经"。这就是后来成书的宋地理总志《元丰九域志》。随着时代的发展，方志的名称也日趋统一。如北宋时修《严州图经》，至南宋绍兴年间重刻时，体例、内容并无丝毫改异，只是改称为《新定志》，以示与当时方志多称"志"的统一。

从上述可见，方志名目的多样，正是方志发展史上阶段特点的一个反映。

 方志的种类

对于方志类型的划分，目前学术界仍未取得一致意见。按照较多学者的观点，大体上可作如下分类：

（1）依照方志记载的地域范围不同区分

总志。明代记述范围为一省的志书。如《河南总志》、《四川总志》等。明代湖广虽包括清代湖北、湖南二省，但当时只是一省，所以明徐学谟的《湖广总志》只是一省的省志。到了清代，省志统称"通志"，不再沿用总志之名。今天，一般惯称全国性志书为总志。

郡志。秦汉时实行郡县制。郡为地方最高行政区划，下辖若干县。东汉后，郡降为二级行政区划。至宋时郡废除。东汉的《巴郡图经》、隋代的《东郡记》均是有名的郡志。

州志。州作为地方最高行政区划，始于东汉中平五年（188年）。唐宋以后降为二级。元、明、清时又分直隶州和散州。直隶州直属省，与府平级（二级）；散州属府管辖，为三级区划。民国时废州制。州志是记述一州范围的方志，如清代的《直隶绛州志》、《保德州志》等。

府志。唐时始创府的建制，辛亥革命后取消。初为二级行政区划，元以后有直隶府与府之分，分隶二、三级行政区划。记述一府范围的方志称为"府志"。如明《怀庆府志》。府志亦有沿称"总志"、"郡志"的，如清《郴州总志》、明《宁波郡志》等。

路志。路为宋元行政区划。宋代的路是地方最高行政区划。当时的志书有《江南路图经》、《河东路图经》等。元时，路降为二级，隶属行省，其时有《永州路志》、《南雄路志》等。

军志。军系宋代设置的行政区划。有上隶于路、下辖数县的军；有与县并列的军。当时有《南康军志》、《临江军志》等。

监志。宋代曾在产盐、坑冶、铸铁之地置监。或与府州同级，隶于路；或与县同级，隶于府、州。志书有《大宁监图经》、《陵井监图经》等。

省志。元代创置行省，为地方最高行政区划，简称为省。省之名沿用至今。省志一般称为"通志"，如明嘉靖《山西通志》。明代亦有称省志为"总志"的，如《河南总志》。省志还称为"大志"、"全志"、"省图经"等。在明清时，省志大都由布政使、总督、巡抚主修，督学编纂。私人修纂的省志数量极少。

道志。道为唐代地方一级行政区划单位，至明清两代成为省、府之间设置的监察区。如湖北下荆南道监安陵、襄阳、郧阳三府，其志即为清《湖北荆南道志》。民国时亦曾置道，监若干县，如《朔方道志》。

县志。郡县制虽然形成于战国时代，但至秦统一全国后始完全得以确立。早在春秋时已出现的县，亦成为自秦汉以后沿用至今的基本行政区划单位。县志在志书中为数最多。一般称为县志，亦有称"图志"的，如清《桂平县资治图志》。毗邻二县合修的称"合志"，如清常熟、昭文二县合修的《常昭合志》。清代一些大县在边远地区还设有分县，由县丞兼管其政务，因而又出现"分县志"，如《陇县分县武阳志》、《羊场分县采访册》等。分县志一般由县丞主修，所以又称县丞志。

卫志。卫原系明初军队编制单位，驻于某地即称某卫。其志书称"卫志"，如清《天津卫志》。

所志。明卫管辖下的军队编制单位，驻于某即称其驻地为某所，其志书称"所志"。如清《宁武宁御所志》、《碾伯所志》。

厅志。清代在新开发的地域设厅，亦为行政区划单位。分直隶厅、散厅。直隶厅与府平行，隶于省；散厅与县平行，隶于府。其志称为"厅志"。如清《和林格尔厅志》。

旗志。清政府统治蒙古实行盟旗制。旗的级别相当于县。志书称为"旗志"，如清《土默特旗志》。

土司司所志。宋代开始在边远少数民族地区实行土司制。明清时期，在边远少数民族地区，任命当地头人（土司）为招讨使、千户、百户等，负责管辖本族地区，这就是土司司所。土司司所志，多由土司主修，如清《白山司志》，其体例与州县志相似，只是在书首有专记土司家世的世系一篇。

盐井志。盐井设官始于元代，称"提举"。明清时提举既管盐务，又监政务。其志书为"盐井志"，如清《琅盐井志》、《黑盐井志》。

关志。明代为抵御鞑靼、瓦剌，在北方一些关隘屯驻重兵。随之出现了记载关区地势、兵防、生产、贸易的关志，如《山海关志》、《三关志》。

岛志。我国沿海岛屿亦曾修有志书，如民国《海南岛志》、《西沙群岛志》。

乡镇志。包括镇志、场志、里志等。是记述县以下一乡一镇等地域范围的方志。乡镇志始于宋代，如宋常棠的《澉水志》。明清时乡镇志大量编纂，较为著名的有清董士宁的《乌青镇志》、徐达源的《黎里志》、叶先登和冯文显的《颜神镇志》等。亦有称"小志"的，如清焦循的《北湖小志》、董恂的《甘棠小志》等。

村志。明清以后条件较好的名村亦曾编志。如安徽池州贵池县杏花村，清代、民国曾两次修纂《杏花村志》。

（2）依照方志记载内容范围不同区分

通志。这里所指的并非如《畿辅通志》、《湖北通志》等的方志名目，而是相对于"专志"而言的，内容包括甚广的志书。这种志书所记述的，大体上包括一地（或一国）的疆域、沿革、山川、厄塞、田亩、物产、矿藏、民族、人口、灾异、风俗、丁役、赋税、胜迹、人物、文献等。一般的省、府、州、县等志，都属通志类。如明何其远的《闽书》、清张澍的《蜀典》、阮元的《广东通志》等。

专志。是专记某一项或主要是某一项内容的志书。山志，是专门记述名山的志书，如宋周必大《吴郡诸山录》、明裴仲儒《武夷山志》、明释阿王老藏《清凉山志》、清金棨《泰山志》等。水志，是记述水体及水利的专门志书，像清《直隶河渠志》、《云南温泉志》。方物志，为专记述物产的志书，如汉《交州异物志》、清《湖南方物志》等。风土志，以风土人情为主要记述内容的志书，如明《青州风土记》、清《太仓风俗记》等。寺观志，以专门记述名寺、古刹为主的志书，如北魏《洛阳伽蓝记》、明《金陵梵刹志》。名胜志，则是专记风景名胜的，著名的有明《西湖游览志》。金石志，专门记述金石碑刻，如清《山右金石记》、《山左金石志》。园林、花木志，是记载园林花木的专业性志书，如宋李格非《洛阳名园记》、周师厚《洛阳牡丹记》及清黄凯钧《圆明园记》等。第宅志，即记载第宅、民居为主的志书，如清《武林第宅志》、《云间第宅志》。人物志，专门记载历史人物，如三国谢承《会稽先贤传》、晋华峤《广陵列士传》、习凿齿《襄阳耆旧传》。艺文志，以记载历史文献为主，如明《全蜀艺文志》、《四明文献志》等。冢墓志，专门记载墓葬的志书，如南朝《苏州冢墓志》、明祁光宗《吴中陵墓志》。汉魏隋唐时，专志为数不少，但今已大多散佚。宋以后，通志日益发达，专志也不断增多。

杂志。所记述的虽是有关一地的舆地、政治、经济、文化等种种现象，但没有通志那样完备、系统。

这类志书，多由私人所纂，不以官府修志的通用名目命名。如明谢肇淛的《长溪琐语》、凌登谷的《榕城随笔》，清张焘的《津门杂记》、龚明之的《中关记闻》、高德基的《平江记事》、佚名的《苏州杂志》等。

（3）以方志的撰写形式区分

可分为著述体和编纂体两类。著述体不以旁征博引史料为长，而多用叙述性文字。编纂体则是按一定的要求和体例，分门别类编纂材料，并多注明材料出处。另有编、述相结合的。清章学诚倡导的"三书"（志、掌故、文徵），其中"志"是著述体，"掌故"、"文徵"就是编纂体。

（4）以方志编纂体例区分

可分为纪传体、门目体、"三宝体"、编年体、纪事本末体、类书体等类。

纪传体。把诸多门目归属于图、表、纪、志、传、录等类，每类下又分若干细目。此种体例明显是模仿正史而来。其特点是层次分明，多为志书所采用。如南宋周应合的《景定建康志》、明雷礼的《真定志》、清洪亮吉的《登封县志》等。

门目体。只有门（目）而无纲领。其特点是平列门目，无所统属。清中叶后渐被淘汰。如宋范成大的《吴郡志》、清贾汉复的《河南通志》等。

"三宝体"。一般只分土地、人民、政事三类，有些加上文献成四类。"三宝"源于《孟子》"诸侯三宝：土地、人民、政事"之语。此种体例虽简明，但难以统摄复杂多样的内容，清嘉庆后已不多用。如明唐枢《湖州府志》、王一龙《广平县志》，清赵弘化《密云县志》、杜延甲《河间府志》等。

编年体。类似地方史。不设篇目，各种记事和资料都按年代顺序编入书中。此体例始于明代，至清乾隆后已极少见。但各种方志中的大事记、沿革志，其方法仍用编年形式。较有名的编年体志书不多，如明黄光升的《长兴县志》、颜木《随（州）志》，清佚名《临朐编年录》、汪中《广陵通典》、陈士元《滦州志》等。

纪事本末体。每事单独成篇，按事情经过的先后排列，详述每一事的始终。志书中采用此体例的甚少。如明康海《武功县志》、韩邦靖《朝邑县志》和清冯甦《滇考》等都属此类。

类书体。以编类书之法修书。即从许多资料中，分类加以编排，并往往注明出处或附载，引用书目。如宋祝穆《方舆胜览》，明陈循、高谷《寰宇通志》等。此类志书由于采撷宏富，利于保存地方文献的精华。

方志种类如此之多，也可从一个侧面反映出我国方志编纂历史的悠久、修志工作的长盛不衰和方志的丰富多彩。

 3 方志的性质与特征

（1）方志的性质

关于方志的属性问题，历来说法不一，至今仍无定论。归纳起来，大致有如下几种：

第一种，认为方志系地理书。《隋书·经籍志》、《崇文总目》、《直斋书录解题》、《文献通考》、《国史经籍志》、《四库全书总目提要》等目录学专著，均将方志归入史部地理类。特别是到了清代，这一主张经过戴震等著名学者的进一步发挥，影响更为巨大。近代一些地理学者，也视方志为地理学科的支流。有些西方学者曾将方志译作"Gaztteer"，意为"地理辞书"。

第二种，认为方志系一方之史，属史学范畴。这一主张甚至可溯源到东汉郑玄所说的方志若"国史"的看法。宋代郑兴裔在《广陵志·序》中也说："郡之有志，犹国之有史。"明代目录学家朱睦㮮的《万卷堂书目》第一次在目录分类上，将"方州之志"列为史部的一个独立门类。其后，祁承㸁《澹生堂藏书目》、徐乾学《传是楼书目》、汪宪《振绮堂书目》亦均在史部为方志设立一目。力主方志属于史学范畴的，首推清代史学家和方志学家章学诚。章氏说，"有天下之史，有一国之史，有一家之史，有一人之史。传、状、志、述，一人之史也；家乘谱牒，一家之史也；郡、府、州、县志，一国之史；综纪一朝，天下之史也。"民国时期李泰棻在《方志学》中亦认为"在中央者谓之史，在地方者谓之志，故志即史。"

第三种，认为方志虽属于史，但又不完全是史。明代的朱衣，清代的纪昀、俞世铨都持此说。俞世铨在同治《榆次县志·跋》中说得最明白，他说："志仿于史而异于史"。

第四种，认为方志是史地之间的边缘学科。这以黎锦熙的"两标"论最具代表性。黎氏认为，方志"史地两性，兼而有之。惟是兼而未合，混而未融。今立两标，实明一义。即方志，一、地志之历史化；二、历史之地志化。"（黎锦熙《方志今议》）

第五种，认为方志属于综合科学。例如，20世纪30年代，江眎在《复潜夫书，论志书性质》中就说，方志"或称为综合科学可也，或称其为近代社会学之鼻祖亦可也。"（载《学风》第一卷第四期，1931年1月）

当代方志理论工作者对方志的属性也进行了热烈的讨论。除有人仍坚持属史学或史、地兼属等说外，有不少人主张属综合学科。还有一些人进而认为，方志应是一门独立的学科。它既不从属于地理，也不从属于历史，虽然作为一门学科，它的体系和理论还在不断完善中，但是正朝着学科的独立性迈进，最终必然成为一门独立的方志学。当然，还有一些人提出一些新的观点，这里就不详述了。

（2）方志的特征

方志具有地域性、资料性、广泛性、连续性等特征。

地域性。这是方志的首要特征。无论何种方志都必须有一定的明确的地域范围。而由于各地在自然与社会人文方面，本身就具有各自不同的特点，因此，在此基础上成书的方志，一般来说，很自然就带有显著的地域色彩。同时，各类志书的主持者多为本地区的官长或领袖人物，他们需要了解本地区的有关情况和特点，"经论政教"。所以，好的志书在篇目及内容的安排、裁取上，都千方百计地突出能够反映本地区特点的内容。旧时地方官上任，常常总是离不开方志，就是这个道理。

资料性。资料是地方志的生命所在。编纂方志，主要是根据当时需要和当时人们认识水平、生产发展水平以及科技发展水平，来反映一地区的自然与社会人文状况。它采用记述性的体裁，不作议论，只作资料性的详细记述，也就是所谓"述而不作"，把是非褒贬寓于事实的记述之中。而且，记述时所运用的资料虽经整理，但力戒虚饰浮词，所以方志的资料性特征十分明显。它所提供的大量资料，不仅在成书的当时有用于世，而且对后人极具参考、查证、借鉴的作用，使方志成为史家取材的丰富资源。方志之所以千百年来延续不衰，亦正因为它保存了大量珍贵难得的资料。顾颉刚先生在 20 世纪 30 年代为《中国地方志综录》作序时，就对方志的资料性甚为赞誉，认为方志所保存的繁富史料"以较正史，则正史显其粗疏；以较报纸，则报纸表其散乱。"

广泛性。方志有"一方之书"的美称。因为它所记述的内容十分广泛，举凡一地区自然、社会、人文诸方面的历史与现状都有比较系统的记录。从纵的角度看，方志用详今略古的笔法不仅着重记述现状，也追叙历史；从横的角度看，方志门类众多，内容比较详备。顾颉刚先生在《中国地方志综录》序中指出，方志"纪地理则有沿革、疆域、面积、分野，纪政治则有建置、职官、兵备、大事记，纪经济则有户口、田赋、物产、关税，纪社会则有风俗、方言、寺观、祥异，纪文献则有人物、艺文、金石、古迹。"方志编纂，涉及范围之广，参加人数之多，是旧日任何一种其他的图书体裁所不能及的。

连续性。随着历史的发展，每一地域的自然、社会人文不断变化，方志每隔一定时期或若干年均需重修或续修。首次编纂的方志，往往探本溯源、贯通古今，记述历代的沿革变化；续修的方志，则重点反映两次修志期间本地区的变化。由于统治者历来十分重视方志，我国绝大部分方志都曾续修。据不完全统计，续修两三次以上的方志约有数千种。有些志书续修更多。如明清两代，《山西通志》修了6次；清代江苏《常熟县志》曾13次续修，平均每隔20年续修一次。这种连续不断编修，在许多地方已经形成传统，一直延续至今。对我们连续考察某一地区在不同历史时期的各方面情况甚为有益。

二　源远流长的中国方志

　　和世间所有事物一样，方志的发展也经历了一个从简单到复杂，从不成熟到成熟的过程。这个过程可以说相当漫长。

　　经过先秦时期的孕育，在大一统的秦汉时期，方志雏形开始形成。以图经、地记、郡书等形式，昭示着中国方志从此发端。班固《汉书·地理志》的撰成，对日后的方志，有着极为重要的影响。魏晋南北朝，虽然政局动荡、战乱频繁，但修志活动却出奇的活跃。志书数量增多，后世各类志书，此时已渐露端倪。当时，以地记最盛，而郡书则由盛转衰。隋唐五代，历经统一强盛到分裂离乱，方志仍得到相当程度的发展。这时，图经在方志表现形式中占据主导地位。同时，以"志"、"记"为名的方志开始发展。宋代则是方志趋于完备的时期。北宋时，图经达到鼎盛，并完成了由图经向定型方志的转化。到了南宋，方志已基本定型，图经被"志"所取代。元代，在方志发展的基础上，出现了全国性的一统志。明清时方志得到大发展，是方志发展史上的繁荣期。特别是清代，封建时代的方志发展达到鼎盛期，种类与数量远远超越前代。民国时期，方志编纂虽然力图适应时代潮流，探寻新路，但由于帝国主义侵略和反动统治的腐败，方志事业已是明日黄花，逐渐衰微，直到中华人民共和国成立以后，才开始了新的篇章。

概而论之，方志的发展与历史的发展息息相关。不同的历史时期，赋予方志的发展以不同的表现形式与特点。而这些形式与特点，正是方志由幼稚到成熟，不断发展的表现。

 ## 方志的孕育

我国有着悠久的重视历史的政治和文化传统，也有着悠久的重视地理的政治和文化传统。我国的方志正是在这种强大的政治、经济、文化氛围中产生的。作为一种内容包含甚广、表现形式多样的特殊文化，方志在其诞生之前，经历了一段漫长的孕育期。其间，各种文化的营养源源不断地注入方志的"胚胎"，一旦时机成熟，方志便应运而生。今天，当我们翻阅先秦诸多典籍时，不难发现，它们对于后日的方志有着多么重要的影响。这里只举几部重要的典籍来作说明。

（1）《周官》与方志

《周官》亦名《周礼》。书中说，职方氏"掌天下之图"，他所管理的地图，通过土训官的讲解，让周天子了解天下土地、邦国位置、各族人民、经济状况、山川形势、利害关系等等。周王的外史负责"掌四方之志"，也就是掌管邦国的史书。这些诸侯国史，经过诵训官讲解让周天子知道古代史事，并以其兴衰成败为鉴戒。周王还常让"小行人"出使诸侯国，兼有调查研究的任务，回来后撰写"五书"，向天子报告每一邦国的政治、教化、礼俗、民情等情况。

《周官》的成书时间，学术界曾有争论，现在较多人认为成书于春秋战国时代。它是一部官制汇编，反映了当时的一些情况。可以看出，当时对于诸侯国的地理、历史、社会、人文现状已相当重视。这些古代的"国"情资料都有专人收集、管理。尤其重要的是，当时很重视以实地调查研究的手段收集可靠的资料。这种手段，也是日后方志编纂者在修志时经常采用的方法。

《周礼》中所谓"四方之志"，后人简称"方志"。当然，这种"方志"并不是后来的方志。先秦时的"方志"可以说是"国别史"或可称"方域史"。它不同于日后历代封建王朝的"国史"，不具有代表周王室中央政权的权威性。这种诸侯国的史书，撰述者多是本"国"本土人士，书中记述的内容，又具有明确的本"国"本地的地域特征。正是这种以地记事的明显特点，构成了后来真正的方志的基本特征。

（2）《禹贡》与方志

《禹贡》是《尚书》中的一篇，是我国最古老的地理文献。旧史家认为，《禹贡》是夏史官或大禹本人的著述，成书于约 4000 年前。现在，这一说法已被众多学者否定。据考，《禹贡》是公元前 300 年左右，即战国时代的作品。全篇分为九州、导山、导水、五服四个部分，全文不足 1200 字。

九州，是假托大禹治水以后，按自然与人文特点，把全国分为九州，即冀、兖、青、徐、扬、荆、豫、梁、雍等州。每一州分叙山川、湖泊、居民、土壤、田赋、贡品、交通等情况。

导山、导水，是依据全国山脉高低及其分布、诸川走向及其流经地势，分别依次叙述。

五服，是以王都为中心，向四方展开，把全国依次划分为五个地带，分别为甸服、侯服、绥服、要服、荒服，每服相距五百里。

《禹贡》中的九州，实际上只是一种设想的自然区域，并非行政区，但反映了作者期望天下统一的愿望。五服也非行政区划分界，先秦时的诸侯国疆界犬牙交错，不会那么规规矩矩地分以五百里为界。

从内容上看，《禹贡》含有某些想象成分，但它毕竟是我国现存较早的一篇地理著作，对后世方志在体例和内容方面较有影响。民国《佛山忠义乡志·赋税志》说得很清楚："志例有赋税名目，《禹贡》一书为赋税之祖，《周官》则兼详力役。"《禹贡》中导山、导水的记述方法，对后日方志的山川门类也有一定影响。如清《同治南城县志》形势门《小序》认为，方志中"舆地有记，肇自《禹贡》，先之以山，可以识水所出；因山志水，可以稽水所由"。

(3)《山海经》与方志

《山海经》是一部内容庞杂、风貌独特的古代著作，包含着丰富的历史、地理、民族、民俗、神话、宗教、生物、水利、矿产、医药等诸方面内容。有人称之为"早期百科全书"。

历史上关于《山海经》的性质，学者们歧见不一。《汉书·艺文志》把它列入形法类，东汉班固则列其为术数类，而刘歆则认为它是一部地理博物之书。西晋郭璞甚推崇《山海经》，说它是一部可信的地理文献。至明代，胡应麟贬之为"古今语怪之祖"，应属"语怪"类。清《四库全书》则将它列入小说类。鲁迅先生认为《山海经》应是巫觋、方士之书。然而，大多数学者则认为《山海经》是一部有价值的早期地理著作，其中尤以《五藏山经》地理价值最高。

关于《山海经》的作者和成书时间亦众说不一。以前长期流传着《山海经》为大禹、伯益所作的说法。其后，随着考古学和辨伪学的发展，此说被否定。

《山海经》由《山经》、《海经》、《大荒经》、《海内经》四部分组成。大多数学者同意这几部分并非出于一人之手，也并非成书于一时。但在各部分成书时间上又众说纷纭。一般人认为《海经》、《大荒经》成书于秦或西汉，而《山经》则成书较早，为战国时期。顾颉刚先生甚至说《山海经》成书时间比《禹贡》还早。但谭其骧先生明确指出：《山经》成书晚于《禹贡》，应是秦时方士所作。（谭其骧：《论"五藏山经"的地域范围》）此说在史地学界影响较大。

不少古代志书在纂修缘起时，往往联系到《山海经》。宋欧阳忞在《舆地广记》序中提到："凡自昔史官之作，与夫山经、地志，旁见杂出，莫不入于其中。"宋绍圣四年（1097年），兵部侍郎黄裳建议兵部职方重修《九域志》，宋绍宗下令把"秘省录《山海经》等送职方检阅"。《山海经》中关于动物、植物、矿物、神话、怪异等内容，对日后方志中设立物产、古迹、异闻等门类有所影响。

（4）《诗经》与方志

《诗经》是我国最早的一部诗歌总集。大约编成于春秋时代，共305篇，分为"风"、"雅"、"颂"三大类。"风"有十五国风，即各国的民歌。相传古有"采诗"制度，派专人收集民间诗歌，后人认为书中不少作品的辑集与这种制度有关。这种采风问俗的手段也是后日方志编纂常用的。元代《至正金陵新志》附载《修志文移》称："古者诸侯国置国史以纪国政，采诗以观民风"，"后世州郡，各为志书，亦此之遗意也。"清代王揆在《重修浙江杭州府志》序中也说，古代天子外出巡行时"必命太师采诗以观民风"，因此，后世"郡邑之志"都加以仿效其法。如果从《诗经》本身而言，方志中的艺文或文征门类无疑受其影响。清方志学家认为"文征，义本十五国风"。

上面只是简单介绍了几部古籍对后日方志的影响作为例子。其实，对方志有所影响的典籍又何止这些。但是，仅从这几部典籍的介绍中，我们不难看出，先秦时的国别史、地理书，乃至经书、诸子著作等，都对后日的方志在某一方面甚至数方面产生影响。可见，古往今来不少学者，单指先秦时某一部古籍是方志之源是不全面的。如果把方志比作长江、黄河的话，那么应该说，方志这条大河，它的源是众多的。正是这种丰富多彩的在当时世界上堪称先进的我国古代文化，孕育和汇集成后来从简单到复杂、从小到大的奔腾澎湃的方志之河。

 方志雏形产生于秦汉

秦王政二十六年（公元前221年），秦灭六国，建立起我国历史上第一个统一的多民族封建帝国。为了加强专制主义的中央集权制，秦始皇废分封，立郡县，实行郡县两级行政建制。"汉承秦制"，西汉、东汉亦在全国推行郡县制。秦汉时代的郡县制，是地方志书产生的政治基础。

实行分封制的周朝，诸侯国各自为政，独揽政治、经济、军事大权，只满足于国别史的编纂。周王室虽有控制各诸侯国之心，但无力染指。春秋战国，诸侯争霸称雄，周王室日渐衰微，自顾不暇，更难过问诸侯之事。秦汉时大一统的郡县制，政治、经济、军事、文化大权全由中央掌握，郡县虽然执掌了地方上的大权，但实际上只是一个执行机构。为了对国家情况全面了解，实行有效管理，两汉时实行上计制度，由县、邑、道的长官，把各自辖地的各种统计数字、遗文古事、人物善恶，编成"计书"每年一次上于郡、国，郡、国上于朝廷。由于计书每年一上，仅具年内的统计数字，类似后世的年鉴，反映不出一地前后发展变化的脉络。因此，需要有一种既能记载一方版图疆域、山川形势、交通道里，又能反映一方政治、经济、文化、民情等古今变化发展的书籍，以弥补计书的不足之处。方志雏形就是在这种情况下应运而生的。据《隋书·经籍志》及《国史经籍志》所载，两汉时，上于朝廷的除了计书外，同时已有"地志"。这种"地志"也许就是方志的某种雏形。

郡县制的实行，废除了地方长官的世袭制。地方长官由朝廷委派、调动和罢免。朝廷对地方官有一套严格的考绩制度，考绩的优劣，直接关系地方官的升降荣辱。要取得优秀的政绩，必须全方位地了解本地区土地、人口、赋税、物产、民风、强宗豪族、耆旧节士等诸方面情况，以便制定对策。方志恰恰能承担此任。有了它，地方官可以对上详细述职，对地方则能起"辅治之书"的作用。因此，地方官都十分重视方志的编纂。

方志既然是一种内容丰富、形式多样的文化，那么，这种文化的产生还必须具备某些条件。秦的"书同文"、东汉的造纸术的发明，应该说给方志的出现提供了相当大的方便。

正是由于上述原因，方志雏形终于在秦汉时出现。当然，至于各类志书的出现，应另有某些具体条件。

（1）秦汉时的各类志书雏形

秦汉时刚诞生的志书雏形，尝试着各种表现形式，而且名称很多，有图经、风俗传、耆旧传、地记、地理书等。如按其内容与形式分类，大致可归纳为图经、地记、郡书等类。

图经。所谓图经，是由"图"与"经"两部分组成，正如本文叙述方志名称时所说，是地图与说明文字的合称。到了秦朝，地图附有说明文字已有明证，如班固在《汉书·地理志》中就曾引征过《秦地图》的说明。书中琅邪郡长广县下，有班固的自注："《秦地图》曰：剧清池，幽州薮。"显然，"剧清池，幽州薮"是《秦地图》的文字说明。但直至秦朝末年，仍未有图经之名的出现。

汉代地图得到发展，郡国舆地图盛行，且文字说明不断增加。清人姚振宗《后汉书·艺文志·巴郡图经》条案："图经之名，起于汉代，诸郡要皆有图经，特无由考耳。"也就是说，汉代已开始出现图经之名，而且图经很普遍。可惜，汉代图经多已散佚。

今天，我们所知汉代最早的图经是东汉的《巴郡图经》。此书早佚，在《华阳国志》卷一《巴志》中，有巴郡太守但望的一段疏文有所涉及。汉桓帝永兴二年（154 年）三月甲午日，但望上疏曰："谨案《巴郡图经》，境界南北四千，东西五千，周万余里。属县十四，盐、铁官五，各有丞史。户四十六万四千七百八十，口百八十七万五千五百三十五。远县云郡千二百里至千五百里、乡亭去城或三四百，或及千里。"从中可知，当时的图经大约有境界、属县、官府、户门、城邑、乡亭、道里等项内容。但这可能只是《巴郡图经》的部分内容，所见仅此，难下定论。

除了《巴郡图经》，还有人认为《广陵郡图经》

是"现在所知最早的图经"。可惜，此图经的作者究竟是谁，是东汉的王逸，还是南齐时的王逡，至今仍无定论。因此，今天断言"最早"也许不太适当。

地记。是分地记载境界、山川、物产、风土、人物的早期志书。地记亦有称地理书的。清王谟的《汉唐地理书抄·凡例》中说："《前汉书》则有东方朔《十洲记》、《林邑记》，王褒《云阳记》。"这些都是较早的地记。但其内容、体例均不可考。两汉的地记，还有朱赣《地理书》、应劭《地理风俗记》和《十三州记》、朱汤《九江寿春记》、赵宁《蜀郡乡俗记》、卢植《冀州风土记》、辛氏《三秦记》等等。其中，在方志史上占有重要地位的是朱赣《地理书》和辛氏《三秦记》。

朱赣的《地理书》分地区记述民情风俗，后来成为班固《汉书·地理志》中的重要部分。一些学者对此书评价甚高，唐代刘知几在《史通·杂述》中认为，如果地理书都能"若朱赣所采"那样广泛，而且"言皆雅正，事无偏党"就好了。焦竑在《国史经籍志》中称朱赣《地理书》是"后世方志之滥觞"。不少学者都视《地理书》为方志之始。

辛氏《三秦记》约成书于西汉末年或东汉初年。项羽灭秦，分其地为雍、塞、翟三国，称为"三秦"。其地在今陕西和甘肃东部。该书北宋末已佚，东汉《三辅黄图》、魏晋地志、唐宋类书多有引用，清张澍有辑本。其书内容多记载地理山川、都邑、苑囿、宫室、物产，以及有关故事传说。关于地理情况，其中有的是我国乃至世界上的最早记载，特别显得珍贵。如对沙漠地带鸣沙现象的记载："河西有沙角山，峰锷危峻，逾于石山。其沙粒粗，色黄，有如干粮。又山之阳，有一泉，云是沙井，绵历古今，沙填不足，人欲登峰，必步下入穴，即有鼓角之音，震动人足。"（《辛氏三秦记·沙角》）又如对野生动物石鸡载云："太白山西有陈仓山，山有石鸡，与山鸡不别，赵高烧山，山鸡飞去，而石鸡不去，早鸣山头，声闻三里，或言是玉鸡。"（《史记·封禅书》正义引）

专记异物珍奇的异物志也属地记之列。汉武帝开拓封疆，搜求珍异，取优好者充作贡物。此风一开，边疆官吏强令搜求，弄得民怨沸腾，一种专门记述边远地区特产的异物志由此而生。一些读书人因厌倦搜求，以异物志寄托讽谏；一些人猎奇炫异，也以异物志展示其学识广博；不少学者希望通过编纂异物志，反映边地的可爱，以增广见闻。

现知较早的异物志，是东汉杨孚所撰。区大任《百越先贤志》说，杨孚的异物志名为《南裔异物志》；《隋书·经籍志》认为杨孚所撰为《交州异物志》。未知各为一书，还是同书异名。因全书已佚，实难说清。北魏郦道元《水经·叶榆河注》引有杨氏《南裔异物志》片段，全用四言韵语写成。这种写作形式，开了赋体方志的先河。

另有都邑簿，亦可归入地记之列。其内容多载城池、郭邑、宫阙、花囿、观阁、仓厩、陵庙、街廛等，"辨其规模，明其制度。"如《三辅黄图》、《长安图》、

《关辅古语》、《三辅宫殿名》等。

郡书。郡书以记人为主，多记乡邦先贤、耆旧节士，用以叙功劝善，增光一方。实为一地之人物志。郡书又称为郡国之书。

西汉是否已有郡书，今不可考。东汉以降，郡书却相当繁盛。这与最高统治者的直接倡导有直接关系。光武帝刘秀是南阳郡人，他的得力部属"云台二十八将"也多是南阳郡人。刘秀当皇帝后，为宣扬家乡人文之盛，下令编纂《南阳风俗传》。据说《京兆耆旧传》亦是刘秀下诏所纂。《隋书·经籍志》说，因为光武帝的倡导，"故沛、三辅有耆旧节士之序，鲁、庐江有名胜先贤之赞。郡国之书，由是而作。"由封建帝王亲自下诏修志，可以说是从东汉刘秀开始的。这在方志发展史上是一件相当重要的事。东汉以后，史由官修，能入国史的人物毕竟不多，而多数"有美德善行"的人，因此寄希望通过郡书，以传其事迹，这也是郡书盛行的原因。

东汉的郡书，除《南阳风俗传》、《京兆耆旧传》外，还有《沛国耆旧传》、《三辅耆旧传》、《鲁国先贤传》、《庐山先贤传》、《汉中耆旧传》、《兖州山阳先贤传》、《陈留风俗传》、《南阳文学官志》、《荆州文学官记志》等。

秦汉时的各类志书，或偏重于地理，或侧重于风土，或以人物记叙为主。但总的说，仍处于方志初创时期，还没有出现后世那样的综合性志书。

（2）影响深远的《汉书·地理志》

在这里，我们必须着重介绍成书于东汉的《汉书·地理志》（下面简称《汉志》）。

《汉志》为东汉班固所撰，系《汉书》中的重要组成部分。它首开在正史中设"地理志"的先河。在二十四史中有十六史都设有《地理志》或《郡国志》。《汉志》虽未独立成书，从严格的意义上说，它并不是地方志。但由于它对方志，尤其是全国性总志有十分重要的影响，因此，当我们在叙述方志发展史时必须涉及它。不少人还直接把它列为"全国性区域志"、"全国性地理总志"。

自从秦统一全国后，统治者为了更有效地管理国家，十分注重对于国情的了解。不但重视绘制地图，而且重视编写有关全国版图疆域、土地、户口、赋役、物产、山川形势、道里交通等方面情况的资料。据史书记载，秦代已有图籍，汉代有舆地图、计书、郡国地志等。汉武帝时，中央集权制已经相当巩固。各郡国定期向太史、丞相呈送计书，以及郡国地志，提供全国的基本情况。司马迁利用这些资料，撰写了《史记·河渠书》，但因只记河道，尚不能编成系统的地理志，亦不是系统的区域志。汉成帝时，刘向将全国行政区域和分野进行了整理。丞相张禹掌管天下财赋，搜集了许多资料，命令属官朱赣按地区进行整理，"条记风俗"。到了东汉，兰台令史班固，利用了兰台收藏的全国各地的"地志"材料，吸收刘向、朱赣的成果，写成了《汉书·地理志》。

《汉志》分为三部分：

第一部分，写前代疆域沿革，基本上是照录《尚书·禹贡》、《周礼·职方》，并略缀数语。

第二部分，以西汉平帝时的 103 个郡国及其所属的 1314 个县、邑、道、侯国为纲，记述建置、户口、山川水泽、水利设施、物产、聚落、关塞、名胜古迹、工矿及其管理机构等等。这种以行政区划为纲领，然后分条附系其他山川、物产等项内容的著述体例，不但打破了《禹贡》以自然地理分区为纲的体例，为以后正史地理志的写作树立了规范，而且对两千年来方志的编纂，特别是后世的全国总志的编纂影响甚大。如《元和郡县志》、《元丰九域志》、元明清《一统志》等，无不效仿。从此意义而论，人们认为《汉志》是全国性区域志的开山之作，也并不过分。

第三部分，是以地区为纲，把刘向整理的"域分"和朱赣条记的"风俗"编纂在一起，对后世方志中分野、风俗诸门类的设立，也颇有影响。

秦汉时期，方志刚刚产生，虽然其内容和体例都不够丰富完备，显得相当稚嫩，但这毕竟是中国方志的发端，在方志发展史上占有重要地位。

 地记繁盛的魏晋南北朝

魏晋南北朝长达近 400 年之久，战乱频繁，政局多变，王朝更迭不断，是我国历史上最为动荡的时期。但此期间，修志工作却显得相当活跃。志书的数量增多，《隋书·经籍志》著录 100 余种，《中国古方志考》著录近 200 种。志书的类型齐全，后世各类志书，此

时已渐露端倪，而且在内容、体例方面，也已略具方志气象。究其原因大致有如下几点：

第一，民族大迁徙的需要。西晋以来，北方少数民族凭借铁骑硬弓大批涌入中原。可是，惯于骑射游牧的民族，对中原情况知者不多。为了维持其凭武力建立的政权，急于搜求有关中原的历史、地理、风土民情等情况。这就促进了北方修志事业的发展。例如，后赵石勒令"记室佐明楷、程机撰《上党国记》"，南燕慕容德十分器重晏子后人晏谟，授予他尚书郎之职，晏谟为了让慕容德了解齐地情况，撰写了《齐地记》2卷。另外，由于中原战乱不止，世家大族率其宗族、乡里、宾客、部曲越淮渡江，纷纷南迁。政府为了安置大量南渡人口，不得不"取旧壤之名，侨置郡县。"（《隋书·食货志》）于是出现了一批以北方州、郡、县旧名命名的"侨州郡县"。由此产生了一批相应的侨置州郡的志书。如山谦之《南徐州记》、郭仲产《南雍州记》、虞孝敬《广梁南徐州记》等等。同时，南渡的世家大族中，有些士者参与朝政，有的做了地方官。但他们毕竟是"北人"，对江南的山川风土并不熟悉，也需要搜求各种有关地情，于是又促使了南方志书的发展。特别是江南的名山胜水，也使他们大开了眼界，一批州郡志、山水记因此相继产生。如盛弘之《荆州记》、刘澄之《永初山川古今记》等名志就是在此期间所纂。

第二，整顿版图、户籍的产物。魏晋以来，王朝更替频繁，政区屡经改变，人民流徙，户籍混乱，使为政者难于管理。在此时，世家大族为了一己一私，荫庇户口，比比皆是。这势必使赋税、兵源流失，使皇朝陷于困境。鉴于此，历朝政府都大力整顿版图，清理户籍。东晋及南朝实行的土断制，就是整顿户籍的重要措施。所谓土断，就是不论本籍还是侨寓，都编入所居郡县的户籍纳税服役。由于整顿版图、户籍，相应也促进了地记的编纂，如晋《太康三年地记》、《元康三年地记》，宋《元嘉六年地记》，齐《永元元年地记》、《永元三年地记》等。

第三，出于战争的需要。近 400 年不息的战乱，交战双方都需要了解本国及敌国的国情。例如，山川、道路、桥梁、津渡、城池、要塞、险阻，乃至于人口、赋税、民情等等，以利于知己知彼，克敌制胜。裴秀在《禹贡地域图序》中所说的"图记"应属此类性质的方志。而西晋王濬灭吴时"收其图籍"中的"图籍"，亦应包含有志书性质的资料。也许，其中就有不少是方志。因为古人常泛指方志类书为图籍。由于战争本身的需要，以及战后派官治理地方的急需，促进了当时修志事业的兴旺。

魏晋南北朝时，志书面世的种类相当齐全。有图经，如《幽州图经》、《冀州图经》、《齐州图经》等；有图记，如《后魏州地图记》、《周地图记》等；有郡书，如周斐《汝南先贤传》、陈寿《益都耆旧传》等；有地志，如谯周《益州志》、顾野王《舆地志》、阚骃《十三州志》等；有异物志，如万震《南州异物志》、谯周《巴蜀异物志》、嵇含《南方草木状》等。而更重要的，此时出现了大量地记，可谓盛极一时。

据《中国古方志考》著录粗略统计，这个时期的地记有 107 种，占同期各类志书总和的一半以上。现知秦汉的地记不超过十种，隋唐以后地记也不多，唯独魏晋南北朝时期地记最发达。有记全国的，如晋《太康地记》、荀绰《九州记》等；有记州郡的，如蜀谯周《三巴记》、宋盛弘之《荆州记》等；有记一县的，如吴顾微《吴县记》等；有记都城的，如晋陆机《洛阳记》、北朝徐之才《宗国都城》等；有记山川的，如晋罗含《湘中山水记》、宋刘澄之《永初山川古今记》等；有记岁时节令的，如南朝宗懔《荆楚岁时记》；有记寺庙的，如北朝杨衒之《洛阳伽蓝记》等等。

由于时代已远，此时地记又多散佚，其内容与体例已难明了，只能从古籍征引及清代辑佚的书中略知一二。

成书于三国时期的顾微《吴县记》，是现知较早的县志。而晋武帝太康三年（282 年）编纂的《太康地记》，亦称《太康三年地记》或《太康地志》、洪亮吉认为是方志中"断代为书，建元表号"之始。（《乾隆府厅州县图志序》，《卷施阁文甲集》卷八）《太康地记》系全国性的总志，全貌已不可知，它所记述的内容主要属于地理方面，如记述全国州郡建置、沿革、地名释义，并兼记城池、古迹、传说等，至今尚未发现它有历史方面的内容记载。而成书于西晋的荀绰《九州记》中的《冀州记》及《兖州记》中均有人物传记及历史方面内容。大概魏晋南北朝时盛行的地记，在注重地理内容的记述外，还兼及人物历史的叙述。但至今仍未发现此时的地记有政治、经济方面的内容。

在地记数量大增的基础上，魏晋南北朝出现了地记丛书。

南朝齐陆澄"聚一百六十家之说，依其前后远近，编而为部，谓之《地理书》。"（《隋书·经籍志》）陆澄的《地理书》是方志发展史上第一部方志丛书。南朝梁任昉在陆澄《地理书》的基础上，又增"八十四家，谓之《地记》。"任昉《地记》共收244部志书，是集地记大成的一部丛书。其中绝大部分，为魏晋南北朝时的作品。

由于陆澄、任昉的两部方志丛书的编辑，使南北朝以前的志书得以保存。后来虽大多亡佚，但今天仍可从唐、宋诸书的征引中了解南北朝以前方志发展的大概，这点不能不归功于陆澄、任昉。

兴起于东汉，以记述人物为主的郡书在魏晋时仍有所发展。例如，魏王基《东莱耆旧传》、苏林《陈留耆旧传》、周斐《汝南先贤传》，吴陆凯《吴国先贤传》、徐整《豫章烈士传》、陆胤《广州先贤传》、谢承《会稽先贤传》，晋张勃《吴录》、陈寿《益都耆旧传》、习凿齿《襄阳耆旧传》、张方《楚国先贤传赞》、范瑗《交广先贤传》等等。据《中国古方志考》著录统计，魏晋时的郡书约有20多部。

但到了南北朝时，郡书成衰落态势。《中国古方志考》所录此时郡书有刘义庆《徐州先贤传》、《徐州先贤传赞》、《江左名士传》，萧绎《丹阳尹传》，刘芳《广州先贤传》，宋孝王《关东风俗传》等不足10部。究其衰落原因，除了因为在志书中的人物传已取代了郡书功能外，还因为南北朝时九品中正制的弊端愈来愈明显。掌握品评人物大权的中正官，由"著姓士族"来充任，改变了原来"以论人才优劣，非为世族高卑"（《宋书·恩幸传论》）的宗旨，出现了"上品无寒门，下品无势族"的局面。这种以门户用人，寒门素族不为人所重视的现实，也影响了郡书的继续发展，出现了"家传盛，而郡国书衰"。（余嘉锡《四库提要辨证》卷七）

魏晋南北朝时的郡书，不但记述人物，而且出现了记载地理的内容。如晋习凿齿《襄阳耆旧传》，历来因其载人物而被视为郡书，称"传"，如《续汉书·郡国志注》、《新唐书·艺文志》等；但书中又有载山川、城邑、牧守等内容，又被人视为"地记"，称《襄阳耆旧记》，如《隋书·经籍志》、《郡斋读书志》等。此外，有些郡书除了记人物还载入艺文的内容，如北齐宋孝王《关东风俗传》，既有人物的志述，又有《坟籍志》，记述了大量艺文的内容。

正因荀绰《九州记》等地记，突破了专记地理的局限，载入大量人物传；习凿齿、宋孝王突破了郡书专记人物的局限，在《襄阳耆旧传》、《关东风俗传》中载入山川、城邑、牧守、艺文等内容，说明魏晋南北朝时，已出现了地记、郡书逐渐靠拢合一的苗头，为后世定型方志作了有益的尝试。

在魏晋南北朝，出现了一些异物志。异物志，目前仍认为最早出现的是东汉杨孚的《南裔异物志》。魏晋南北朝的异物志，有三国吴万震《南州异物志》、沈莹《临海水土异物志》、薛莹《荆扬已南异物志》，蜀谯周《巴蜀异物志》，晋嵇含《南方草木状》、徐衷《南方草物状》、佚名《凉州异物志》等等。

此时的异物志今天仅存《南方草木状》，其余均已亡佚。《南方草木状》"凡分草、木、果、竹四类、共十八种"。全书以先分类，类下分种的形式撰写。其体例采用横排门类，然后纵述事实的二级志目。

值得一提的是三国吴丹阳太守沈莹撰写的《临海水土异物志》，是地理价值、历史价值甚高的志书。此书北宋末年已亡佚，但此前引用者甚多，故今仍能知其部分。后人陶宗仪、洪颐煊均有辑本。是书另有多个别名，如《临海水土物志》、《临海水土记》、《临海异物志》、《临海记》等。书中不仅大量记载浙江沿海的物产，还涉及山川。尤为珍贵的是作者给我们留下了有关台湾最早的文字记载。这就是关于夷洲（今台湾）的风土人情，文字虽短，但十分生动：

"夷洲，在临海东南，去郡二千里。土地无霜雪，草木不死，四面是山溪。人皆髡发穿耳。土地肥沃，既生五谷，又多肉鱼。有犬，尾短，如麋尾状。此夷舅姑子妇卧息共一大床，略不相避。地无铜铁，唯用鹿格为矛以战斗，磨砺青石以作弓矢。取生肉杂贮大瓦器，以盐卤之，历月余日乃啖食之，以（为）上肴也。"

此外，魏晋南北朝时，部分异物志及个别风土记在撰写文体上采用以韵语为正文，以散文为注释的方式，也就是赋体文体例。例如，万震《南州异物志》，佚名《凉州异物志》、《阳羡风土记》等。

志书采用赋体，字句整齐押韵，便于记忆。如《南州异物志》记载大象：

"象之为兽，形体特诡，身倍数牛，目不逾豨，鼻为口役，望头若尾，驯良承教，听言则跪，素牙玉洁，载籍所美。"（《太平御览》卷八百九十）

《凉州异物志》记载北边大人：

"有一大人，生于北边，偃卧于野，其高如山，顿脚成谷，横身塞川。"（《太平御览》"天部"）

在东汉乃至魏晋时，出现过不少有名的赋体文。如班固《两都赋》、张衡《二京赋》、晋左思《三都赋》等，后人争相仿效，赋体文成为一种时尚，志书作者亦有仿效者实不足为怪。并且，在郡书中往往有"先贤赞"、"耆旧赞"等"赞"，用以评论人物。"赞"亦是一种韵文，自然也会影响其他志书。

不过赋体文美则美，但由于受韵律限制，影响志书内容全面、充分的记载。因此，南北朝后，这种华而不实的志书已不多见。

魏晋南北朝时期的方志数量不少，但留存至今的并不多。这时期有三部志书无论从内容或撰写形式上更接近后日的方志。

（1）《畿服经》

畿，指京城直辖地区。服，泛指地方郡县。经，指文字说明。《畿服经》是一部全国性总志。作者是西晋挚虞。挚虞曾任太常卿之职，京兆长安人。《畿服经》早已亡佚，但《续汉书·郡国志》、《水经注》均征引其文，清人王谟《汉唐地理书钞》多有收录。《隋书·经籍志》称"晋世挚虞，依《禹贡》、《周官》作《畿服经》，其州郡及县分野、封略、事业、国邑、山陵、水泉、乡亭、城、道里、土田、民物、风俗、先贤旧好，靡不具悉，凡一百七十卷。今亡。"可见，《畿服经》的内容全面，不仅有地理，而且还有经济、人物、风俗等。其体例推测应是以行政区划为纲，分类记载分野、封略、事业、国邑、风俗、人物等，与日后方志已十分接近。由于该书门目众多，内容甚广，为前世所未有，故清人谢启昆认为此书"实后世方志之祖"。（《嘉庆广西通志·叙例》）

（2）《华阳国志》

《华阳国志》是我国现存最早讲究体例的一部方志。该书作者是东晋时人，曾任成汉散骑常侍，后为东晋参事，名常璩，字道将，蜀郡江原人。全书十二卷，反映梁、益、宁三州（今四川、云南及陕西汉中以南地区）的历史与地理情况。卷一至卷四，为巴志、汉中志、蜀志、南中志；卷五至卷七，为公孙述，刘二牧、先主志、后主志；卷八为大同志；卷九为李特、雄、期、寿、势志；卷十为先贤、士女总赞；卷十一为后贤志；卷十二为序志。

从内容上看，《华阳国志》有地理、历史、人物；从体裁上看，有志、纪、传。这对后世方志结构体例之完备，产生了极大影响。

常璩所纂《华阳国志》史料价值甚大，这主要归功于他编撰时态度极为审慎。例如，他认为《史记》所载蜀王因石牛始通谷口、鳖灵之尸化为蜀帝，苌弘之血化为碧珠，杜宇之魂化为子鹃等传说，荒诞而不可信。并指出蜀王蚕丛、杜宇，皆在周之末世，不可能相距3000年。又如，记载诸葛亮南征，用了700多字，比较完备地记述了进军路线、战事情况及善后措施，远远超过《三国志》的30字的记载。关于举世闻名的都江堰水利工程的文字，也大大超过《史记》、《汉书》。而有关天然气的记载，更是世界科技史上最早的文献。说明我国早在1600年前，就认识和利用了天然气。

（3）《十三州志》

《十三州志》的作者是北魏敦煌人阚骃。他曾在西凉为官，担任秘书考谓郎中、大行、尚书等职。当时南北对峙，阚骃又是北人，故此书详于北而略于南。《十三州志》在南北朝时颇受重视。元嘉十四年（437年），北凉茂虔"奉表献方物"中就有《十三州志》10卷。《十三州志》约在北宋末年亡佚，清人张澍有辑本。就佚文辑本中可知，其内容有新旧县名、山水、古迹，系以方位、沿革、水利工程、民族风习等。"言皆雅正、事无偏党"的《十三州志》记述内容颇为全面、客观，语言典雅，可谓是南北朝时志书的佼佼者。

魏晋南北朝时，方志已初步呈现繁荣景象。不仅数量增多，种类齐全，而且有的地记兼载人物，有的郡书兼载地理、职官、艺文，已向综合性内容靠拢。但此时的志书仍未最后定型，还处于在体例、内容都上有待完善的雏形阶段。

 ## 以图经为主体的隋唐五代

历史的车轮进入隋唐五代，我国的方志有了比较大的发展。这时期，由朝廷统一颁发命令，定期纂修图经，开创了大规模有组织修志的局面。

（1）定期纂修图经成为制度

开皇九年（589 年）隋平陈，一统南北。但是，南北朝时，支离破碎的版图、大量逃隐的户口，严重影响中央集权国家的赋税收入、徭役来源，进而危及封建政权的稳固。为此，朝廷大力进行版图的整顿和户籍的清理。为了解决行政区划过多过滥，地方行政"资费日多"，租调收入锐减的问题，隋文帝采取了"罢天下诸郡"的办法，一改州、郡、县三级建制为州县二级制。炀帝时仍感全国 300 州之数太多，又在大业三年（607 年）"改州为郡"经过这次省并，全国共有 190 郡，1255 个县。文帝时还在全国大规模检括户口，称为"大索貌阅"，由基层官吏亲自检验百姓面貌，以防"诈老诈小"，逃避赋役。

鉴于整顿疆域版图、清理户籍的需要，为可提供其所需基础资料的图经的普遍纂修创造了前提条件。"隋大业中，普诏天下诸郡，条记风俗、物产、地图，上于尚书。"（《隋书·经籍志》）然后由中央编成《诸郡物产土俗记》、《诸州图经集》等。由于皇帝亲自下诏天下诸郡，有组织地大规模纂修志书，隋代的方志，以图经为主体得到了很大发展。同时，也开创了我国历史上自上而下、有组织大规模修志的先河。

经过隋末群雄并起，到李渊建唐统一，终唐一代亦十分注重图经的修纂。初唐时，同样存在行政区划过多、"民少吏多"的问题。唐太宗于贞观元年（627年）下令"大加并省，因山川形便，分为十道"，分管全国300余州，1500多个县。同时，唐代虽然经历过从均田制与租庸调制到两税法的经济制度变化，但征税仍是以户为单位，因此，对户籍管理十分重视，有严格的"一岁一造计帐，三年一造户籍"的制度。加上中唐以后"藩镇割据"日烈，为了平叛削藩，巩固中央集权，朝廷需要搜集各地兵要地理资料。正因整顿版图、户籍，平叛削藩等方面的需要，唐代十分重视各地图经的编纂，修图经的制度更为严密。规定全国各州府每三年（一度改为五年）一造图经，送尚书省兵部职方。如有山河改移，则要随时报送。（《唐会要》卷五十九，"职方员外郎"条）《十道图》、《十道录》等，就是在各地报送图经的基础上编纂而成的。见于著录的《十道图》、《十道录》有多种，可见是每隔一定时期就综合编制一次。

到了五代纷乱时期，由于军事活动的需要，亦十分重视修纂图经。例如，后唐时下令实行闰年进呈图经制度。同时，十分注重图经的质量。要求不能照抄旧图经，必须备载兵要地理的最新变化，以备战争之需。

总之，由封建帝王颁布诏令，命各地普遍修图经，定期向上呈送，朝廷还设专官管理，构成了隋唐五代的修志制度。

（2）以图经为主体的方志发展

隋唐五代时期，方志在编纂体例、形式上有较明显的变化。以往地志和地图多是平行发展，方志附有地图的极少。另外，地图虽然有说明文字，但在名目上亦仍然称为"图"，与地志不相混。也就是图是图，志是志。到了周隋之际，图和志两者开始合为一体。在同一书中，图说结合，图说并重。隋唐五代方志继承了这一传统，在表现形式上还是一图一说，图说相间。这与后日的方志把各图汇编于全书之首还不一样。例如，隋大业年间纂修的《区宇图志》，"卷头有图，别造新样，纸卷长二尺。叙山川则卷首有山水图，叙郡国则卷首有郭邑图，叙城隍则卷首有公馆图。其图山水城邑题书，字极小，并用欧阳肃书。"（《太平御览》卷六百零二著书条）《区宇图志》在唐代已大部散佚，《隋书·经籍志》著录为129卷，只是指当时的残本。这部我国第一部官修的总志达1200卷之多。

作为地图，因其自身空间等体式的局限，不可能备载各种详尽的资料，越来越依赖于文字的记述。这种情况在唐代尤为突出。例如，贾耽曾绘制一轴《陇右、山南九州图》，真实准确地反映了陇右、山南九州的形势。但"诸州诸军须论里数人额，诸山诸水须言首尾源流，图上不可备书，凭据必资记住。"（《旧唐书·贾耽传》）只好另撰《关中陇右山南九州别录》6

卷，与地图一并献于朝廷。又如元稹曾绘制《京西京北图》上呈，但深感不便皇上阅览，于是另行编纂既有地图又有文字记述的《京西京北图经》4卷进呈。这里值得一提的是李吉甫所撰的《元和郡县图志》，他按当时10道47镇顺序，依次分镇记述，每镇皆列图于篇首，冠于叙事之前。每镇一图一志，图、志同处一篇之内，文字相对集中。这种图置篇首的体式，是对《区宇图志》图置卷首的体式的发展，又为后世志书置图于全书之首的体式奠定了基础。李泰所修《括地志》及贾耽的《贞元十道录》均是以行政区划为纲，分别记述建置沿革、山川沟渠、风俗物产、贡赋、名胜古迹等内容。在记述中，古今分述，以小篇幅述古，大篇幅叙今，详今略古，为后日方志所师范。咸通年间樊绰所撰的《蛮书》则是一部现知较早以分门别类编纂的综合性志书。

可见，隋唐五代以图经为主体的方志，较之以往，在体例、形式上大有发展，其总趋势是向着定型方志发展过渡，在中国方志发展史上起着重要的承前启后的重要作用。但此时期志书的内容偏重地理，其体例的发展因此受到一定的束缚，所以并不完备。

（3）隋唐五代志书简介

《隋州郡图经》。

又作《隋诸州图经集》、《隋图经集记》，100卷，郎茂撰。郎茂，字尉之，恒山新市人。北周时曾为卫国令。入隋后，官至太常少卿、尚书左丞。原书约在北宋末年亡佚。清人王谟有辑本。从古今学者所辑佚文看，全书记及北海、博陵、永安、信都、上谷、灵武、新宁、玉林、江都、雁门、上党、常山、河东、太原、龙泉、绛、魏、涿等18郡的属县有关情况，按其内容可分10类。

记建置沿革，如"上党南阳，古以为县，实都也。秦并天下置郡，以此为上党郡。楚汉之际，魏豹尽有其地，豹灭，入汉，分为河东、太原、上党三郡，高后封惠帝子武为壶关侯，即其地也。"

记名胜古迹，如"（信都窦冢）观津东南三里青冢，高三十余丈，周四千步。汉文帝窦后父青，少遭秦乱，隐身渔钓，坠泉死。景帝即位，太后于附泉所起大坟，号曰窦氏青山。"

记山脉，如"河东郡三山，即舜所耕历山也。《禹贡》所谓壶口雷首，至于太岳。壶口山在慈州，太岳在晋州，雷首在河东界，此山有九名，谓历山、首山、薄山、襄山、甘枣山、渠猪山、独头山、陑山等名。又汤伐桀升自陑之所。"

记河川，如"（太原郡）毕发水，今俗亦名妒女泉。大车如轮，水色青碧，百姓祀之，妇人不得艳装衣新彩，临之必兴雨雹，故云妒女，介子推妹也。"

记物产，如"高邑县房子城出白土，细滑膏润，可以涂饰，兼用濯锦，可致鲜洁。"

记贡赋，如"榆次龙骨，交城矾石并充贡。"

记史事，如"光武自蓟南驰至南宫界，遇大雨引车入道旁客舍。冯异抱薪，邓禹燃火，对灶燎衣而去，即此地。"

记交通要道，如"（石邑县）山团，俗呼为韩信台，又呼为土门口，西入井陉，即向太原路是也。"

记民情风俗，如"并州，其气勇、忼、诚、信，韩魏赵谓之三晋，骠悍盗贼，常为他邦惧。"

记祭祀，如"（武安郡）今赵氏数百家每有祭祀，别设位以祭公孙杵臼及程婴二氏。历代相传，号曰祀客。"

上述均自《太平寰宇记》、《太平御览》辑引。

《括地志》。

由唐魏王李泰组织著作郎萧德言等人编撰。成书于贞观十六年（642年）。全书550卷，又《序略》5卷。此书在唐宋时广为流传，张守节《史记正义》据以注释古代地理。《通典》、《路史》、《太平御览》、《太平寰宇记》等书也多有征引。它的别名很多，如《坤元录》、《贞观地记》、《魏王地记》、《括地图》、《括地象》等。可惜于南宋末年散佚。清王谟、孙星衍、王仁俊等都有辑本。今有中华书局出版的贺次君辑本4卷。书中《序略》述历代沿革和贞观十三年都督府区划和州、县建置。全书以此为纲，全面叙述政区建置沿革，并兼记山川形势、风俗物产、古迹和人物故实等，多根据经传，并援引六朝舆地书籍以为佐证。为当时最完备、最详赡的地方总志。唐太宗阅后十分赞许，认为此书将"垂之不朽"。

《诸道山河地名要略》。

唐宣宗大中九年（855年）命翰林学士韦澳编纂。主要叙述新收复河湟十一州后，诸道的地理风俗情况。

书中有"处分语"的设置。记注宣宗对该地的看法，故此书又有《处分语》之名。另，又有《新集地理书》的别称。北宋后数百年，此书已不传于世。清代末年，从敦煌鸣沙石室中发现其残卷，为全书九卷中的第二卷。所发现残卷，大部亦被法国人伯希和掠走，今藏巴黎国家图书馆。罗振玉的《鸣沙石室遗书》中有所收录。罗振玉的《残卷本跋》中说："《诸道山河地名要略》第二残卷，开首断缺，存河东道州府八，曰晋、曰太原、曰代、曰云、曰朔、曰岚、曰蔚、曰潞。其体例，前述建置沿革，次事迹，次郡望地名，次水名，次山名，次人俗，次物产，为后世地志体例所自昉。"（《鸣沙石室遗书残卷本》）从残卷本看，总体上是以行政区划为纲，局部是以事类为序，还不是完全分门别类的结构。残卷对唐志的疏略多有所补。

上述数种均为隋唐时的总志。隋唐五代时的地方志数量不少，张国淦《中国古方志考》所载有 141 种。近些年，学者们又辑得 85 种，共 226 种。除留存下来的 7 种外，其余均已亡佚。所存 7 种地方志分别介绍于下：

《蛮书》。

唐樊绰著。《新唐书·艺文志》、《通鉴考异》称《蛮书》，《太平御览》引作《南夷志》，《宋史·艺文志》谓《云南志》，《永乐大典》又称《云南史记》，苏颂《图经本草》作《云南记》，又有称为《南蛮记》的。全书 10 卷。是咸通三年（862 年），樊绰充任唐安南经略使蔡袭幕僚，对南诏情况进行研究，并参照前人著作写成此书。主要记述咸通四年（863 年）以前的云南历史、地理情况。内容包括有当时云南的交通、山川、六诏历史、各族概况、城市、物产、风俗及经济政治制度。《四库全书总目提要》认为，《蛮书》是记述云南情况的舆志中"最古之本"。近人向达著有《蛮书校注》。

《桂林风土记》。

唐莫休符撰。成书于唐光化二年（899 年）。《新唐书·艺文志》、《崇文总目》均作三卷；《宋史·艺文志》作一卷，今存一卷。原书作四十六目，今存四十二目：桂林、舜祠、双女冢、伏波庙、东观、越亭、岩光寺、皆家洲、漓山、尧山庙、东山亭、碧浔亭、拜表亭、夹城、独秀峰、欧阳都护冢、海阳山、会仙里、隐仙亭、灵渠、甘岩、张天师道陵宅、牂牁水、如锦潭、仙人山、迁莺坊、府郭、菩提寺道林和尚、开元寺震井、延龄寺圣像、宜州龙开江事、徐氏还魂、石氏灯檠崇、米兰美绩、李给事长歌、宗颜延之、李袭志、卫国公李靖、中书令褚遂良、中书令张九龄、桂州陈都督、袁恕己、张鷟。其内容包有沿革、名胜、山水、掌故、人物、诗文等。其中张固、卢顺之等人诗，为他书所不载；清人彭定求编次《全唐诗》，即据此书所载收录。可见《桂林风土记》虽已残缺，仍相当宝贵。

《吴地记》。

本唐陆广微撰。一卷。因载有唐以后事，清代学者疑为宋人所作。但从内容看来，当出自晚唐人之手，而后人又有所增补。全书主要记载唐代苏州所领七县沿革掌故，兼记赋税、城池、山水、坊巷、桥梁、寺观等事；尤以州治吴、长洲两县所载较为详细。书中附后集一卷，不书撰者姓名。主要补撰唐以后事，建置年号止于北宋大中祥符，当系北宋人所作。书中可能原有地图。

《沙州图经》。

又名《沙州都督府图经》、《沙州志》。历代书目未见著录。至清光绪二十六年（1900 年）在甘肃敦煌石室发现后始为人知。罗振玉认为，此书作于唐开元、天宝间。亦有人认为应是武后时作品。该书为写本，残缺，卷一仅存六行，为斯坦因劫走，现藏伦敦不列颠博物院。根据罗振玉《雪堂校刊群书叙录》称：其标目第一沙州，第二、第三、第四敦煌县，第五寿昌县。卷三有两件，均为法国人伯希和劫走，现藏巴黎国家图书馆。其中一件共 513 行，始于"水渠"，终于"歌谣"；另一件 79 行，始于"祥瑞"，终于"歌谣"。二件相当部分，除个别字外，文字内容全同。其中应有一为传抄本。伯希和最早误认为此书是南朝时的宋段国《沙州记》。罗振玉于清宣统元年（1909 年）编印《敦煌石室遗书》时，题为《沙州志》。其后，罗氏得知巴黎所藏残卷尾写"《沙州都督府图经》卷三"，《敦煌书目》又载伦敦所藏题名《沙州图经》卷第一，故于 1913 年影印《鸣沙石室佚书》时，改名《沙州图经》。

《沙州图经》残卷影印本不分卷，510 行，每行少

则一字，多则 20 字，约 7000 字，分为 25 门。即七所
渠，一所壕堑、水，三所泽，二所堰，一所故堤，一
所殿、碱卤，三所盐池水，一所兴湖泊，一十九所驿，
州学、县学、医学，二所社稷坛，四所杂神，一所异
怪，二所庙，一所冢，三所堂，一所土河，四所古城、
张芝墨池，二十祥瑞、歌谣。门下设目，如"四所古
城"门下设古阿仓城、古效谷城、古长城、古塞城四
目。目下以文字叙述。如"古阿仓城"目下云："周四
一百八十步，右在州西北二百四十二里，俗号阿仓城，
莫知时代，其城颓毁，其址犹存。"可见这部图经记述
内容相当广泛、详密。罗振玉誉其为"人间鸿宝"。

《西州图经》。

又名《西州志》。清末发现于敦煌，但只余残卷，
今藏法国巴黎国家图书馆。罗振玉收入《鸣沙石室佚
书》中。唐时西州治所在高昌（今新疆吐番东南，宝
应初改名前庭）。其辖境相当今吐鲁番盆地一带。罗振
玉认为，虽然"此卷首尾均缺，但存中间数十行，串
其文乃《西州图经》也。以证新旧两《唐书·地理
志》多合。"他认为《西州图经》成书年代当在乾元
以后，陷于吐蕃之前。

残卷影印本不分卷，56 行，约 600 字。近于门目
体形式。是不可多得的珍贵史料。如"道十一达"下
之"大海道"，其文为"右道出柳中县界，东南向沙州
一千三百六十里。常流沙，人行迷误，有泉井碱苦，
无草，行旅负水担粮，履践沙石，往来困弊。"又如
"乌骨道"，其文为"右出高昌县界北乌骨山，向庭州

四百里，足水草，峻岭石粗，唯通人径，马行多损。"
这两段文字生动形象地描述了丝绸之路的艰辛，是研究中西交通的重要资料。

《沙州伊州地志》。

《沙州伊州地志》，历代均未著录，斯坦因从敦煌劫走后，始渐为世人所知。此书为唐光启元年（885年）写本，今藏于英国伦敦不列颠博物院。30 年代日本学者羽田亨对该书曾有研究，撰有《唐光启元年写本〈沙州伊州地志〉残卷考》一文，发表于《历史地理论丛》。其后，万斯年收入《唐代文献丛考》。

《沙州伊州地志》卷首残缺，仅存 86 行。书名为羽田亨所定。其中第一至第二十八行记寿昌县之寿昌海、新城、蒲桃城、萨毗城、鄯善城、古屯城、蒲昌海。第二十九行至第八十四行记伊州沿革及其管县伊吾、纳职、柔远。末尾两行为："光启元年十二月廿五日张大庆因灵州安尉使嗣大夫等来州，于嗣使边写得此文书讫。"书中所记沙州、寿昌县的地理、沿革、古迹、风俗等，多与《沙州图经》、《寿昌县地境》同，只是文字稍异。而所记伊州情况，多为《元和郡县志》、两《唐书·地理志》所不载，其史料价值亦甚大。

《寿昌县地境》。

此书是现存唯一完整的五代方志。作者是登侍郎州学博士翟奉达。成书年代为后晋天福年间，一说应为开运时期。《寿昌县地境》于清光绪末年发现于敦煌石室中，向为敦煌某氏所藏。后来，向达据传抄本进行研究，并于 1944 年在《北平图书馆图书季刊》第五卷第四期全文刊载。

唐五代寿昌县治所即今甘肃敦煌县西南海湖镇破城子。《寿昌县地境》为寿昌县唯一的方志。全书不分卷，采用条目式结构。开首记述沿革、寺名、镇名、戍名、烽数、栅数、堡数。随后详记黑鼻山、姚阅山、龙勒山、西紫亭山、大泽、曲泽、龙勒泉、龙堆泉、寿昌海、大渠、石门闸、无卤涧、玉门关、□□亭、石城、屯城、新城、葡萄城、萨毗城、鄯善城、故屯城、西寿昌城、蒲昌海、播仙镇、沮末河。其史料价值亦高。如写寿昌海为："源出县南十里，方圆一里，深浅不测，即渥洼池水也，长得天马之所。"据考，寿昌海即今南湖。

（4）贾耽与《贞元十道录》

贾耽是唐代著名宰相、杰出的地理学家。沧州南皮（今河北南皮）人。曾任鸿胪卿，主持与各族往来朝贡，熟悉边疆山川风土，勤于搜集有关资料。官至右仆射同中书门下平章事，封魏国公。为辅助德宗李适安抚四夷，治理天下，曾编撰《海内华夷图》、《古今郡国道县四夷述》、《贞元十道录》等。可惜，这些著述在宋代以后即泯没无闻了。

贾耽是唐代著名的方志大家。权德舆在《魏国公贾太傅墓志铭》中盛赞贾耽"博闻强识，通天下之志"，认为"言方志者，以公名家。"（《全唐文》卷五百零五）作为当时的方志名家，贾耽在方志史上曾作出突出的贡献。

首先，他编撰志书不但数量多，而且质量高。

安史之乱期间，唐王朝无暇西顾，致使陇右、山南一带沦于吐蕃之手。由于战乱，使"职方失其图记"，到德宗时，朝廷对这一带地区不仅"旧时镇戍不可复知"，甚至连边境土地也"难以区分"。德宗于是命令贾耽"修撰国图"。贾耽于贞元十四年（798年）编制了《关中陇右及山南九州图》一轴，并撰《关中陇右及山南九州别录》6卷、《黄河吐蕃录》4卷上呈，由于内容翔实、丰富，为朝廷遣将护边，收复失地，提供了可靠资料。后来，他又绘制了《海内华夷图》一轴，并撰《古今郡国县道四夷述》40卷。为此，他曾对各国风土人情，异蕃习俗，交通路径……"究观研考，垂三十年"。他不仅广泛搜集各种资料，而且对所用资料都审慎鉴别，去伪存真。因而他的著作实用价值较高。除上述图、志外，贾耽还绘制了《地图》10卷，修撰《皇华四达记》10卷，以及《贞元十道录》4卷。终唐一代，当数贾耽编撰的志书数数量最多。

再者，贾耽的作品做到图、志配合，相互依存。

贾耽绘制的《关中陇右及山南九州图》，虽然很逼真，但因地图自身的局限，不能有过多的文字说明。于是，他另撰《关中陇右及山南九州别录》，详载诸州郡的道路里程，诸军镇的军队人数等方面内容。他绘制了《海内华夷图》，并撰《古今郡国县道四夷述》与之匹配；绘制了《地图》，又撰《贞元十道录》与其相配合。也就是每绘一图，必撰一志，相互依存。

这种图、志分离的形式，在方志体例上已迈出了从图经向地志过渡的关键一步。

第三，贾耽的图、志做到古今对照，判然有别。

古今兼备于一书，是方志的惯例，但如何区别古今，的确十分困难。贾耽首先解决了这道难题。

在绘制地图上，他采用"古郡国题以墨，今州县题以朱"的方法区别古今地名。这种以不同颜色的方法区别古今地名的方式，自此以后一直为地图学界所沿用。

在撰写文字时，他又采用另一种方式区别古今。例如，在撰写《贞元十道录》时，他在首篇记述自贞观以来的州郡建置沿革、区划变化、各地贡物，这属于述古的部分。同时，他把当时的节度、观察、防御使等，附于首篇之末，目的意在叙今。其余三篇也重点在叙今。全书四篇既有古今对照，又做到略古详今，这也是贾耽的一大贡献。这种编撰方式亦常为后人编志书时师范。

第四，贾耽的地图采用裴秀"制图六体"的先进方法。

晋代裴秀在绘制地图时总结出"制图六体"，即分率、准望、道里、高下、方邪、迂直。这种制图法，在中国古代是很先进的，但长期得不到重视。贾耽却对此颇有研究，在绘制《关中陇右及山南九州图》时已经加以"师范"。而在绘《海内华夷图》时，在"广三丈，从三丈三尺"的幅面上，"率以一寸折成百里"。显然运用了"分率"即日后的比例尺的先进方法，使他所画地图较为科学。这与日后与地图有不解之缘的志书的质量无疑是一大保证。

贾耽所撰图，志大多失传，今存唯有残卷《贞元十道录》。

《贞元十道录》残卷发现于清光绪三十三年（1907年），原藏于敦煌千佛洞莫高窟，后为斯坦因所掠，今藏于英国伦敦不列颠博物院。罗振玉所编《鸣沙石室遗书》收录，并经罗振玉考证，始知其书名。原书本为四卷，以当时十道为其记述范围。今所见残卷仅存16行，存剑南道十二州：姚、协、曲、悉、柘、静、保、霸、维、真、恭、翼。每州之下记所辖县名、土贡、距两京（长安、洛阳）道里、县距州之里数。经罗振玉与《通典》、《元和郡县志》、两《唐书·地理志》核对，发现《贞元十道录》所记州县名称、数目、里程，与各书略有差异。这个问题值得学者们深入研究。

（5）李吉甫与《元和郡县图志》

李吉甫，字弘宪，赵郡赞皇（今河北赞皇）人，生于唐肃宗乾元元年（758年），卒于唐宪宗元和九年（814年），宪宗时曾任宰相。李吉甫著述不少，有《六代略》、《百司举要》、《元和十道图》、《删水经》、《元和郡县图志》等。但惜已大多散佚，唯余《元和郡县图志》中的"郡县志"部分。

《元和郡县图志》成书于宪宗元和年间（806—820年）。"安史之乱"后，大河南北50余州为藩镇所据，河西陇右又沦于吐蕃。宪宗即位后，力图整治衰乱局面，宰相李吉甫深感若要"成当今之务，树将来之势，则莫若版图地理之为切"，因此，于元和三年（808年）撰成《元和郡国计簿》，目的在于让宪宗了解全国方镇、府州、县的户口、赋税及兵力情况。随后，李吉甫又于元和八年（813年）撰成《元和郡县图志》40卷。此志以关内、河南、河东、河北、山南、淮南、江南、剑南、岭南、陇右十道为纲，按当时军事兼行政区划的47镇，每镇一图一志，分别记载所属州县的差役、户数、乡数、四至八到、开元、元和时的贡赋，以及建置沿革、山川、古迹、关塞、物产等等，使朝廷得以掌握当时全国各地的地理形势，增强了削抑藩镇、收复失地的信念。李吉甫病逝后，宪宗擢用裴度为相，从而铲平了藩镇割据，出现了"元和中兴"的局面。难怪清人张驹贤盛赞《元和郡县图志》为"辅治经国之书"。（张驹贤《元和郡县志·序》）

《元和郡县图志》中的"图"，早在南宋时即已散佚，书名也从此略称为《元和郡县志》。今存《元和郡县志》亦残缺不全，只余34卷。其中缺卷十九（河北道四）、卷二十（山南道一）、卷二十三（山南道四）、卷二十四（淮南道）、卷三十五（岭南道二）、卷三十六（岭南道四）。卷十八、卷二十五亦有部分缺佚。清人严观有《元和郡县补志》，缪荃荪有《元和郡县志缺卷逸文》可作此书缺文的参考。

《元和郡县图志》是我国存世最早的内容浩瀚、体例精到的地方总志。《四库全书总目提要》说："舆地图经，隋唐志所著录者，率散佚无存；其传于今者，惟此书最古，其体例亦为最善，后来虽递相损益，无能出其范围。"

《元和郡县图志》虽以记述疆域政区为主体，但其内容涉及面甚广，今据王文楚、邹逸麟两位历史地理专家研究，大致可概括为四个方面（详见王文楚、邹逸麟《我国现存最早一部地理总志——元和郡县图志》，《历史地理》创刊号），本文作如下略述。

疆域政区方面：唐代前期，国力强盛，疆域辽阔，东北达日本海，西北到里海，北至贝加尔湖，南至越南中部。安史乱后，国力日衰，版图收缩。元和时，唐王朝所辖范围，东只达辽河流域，西唯及陇山，北也只能到阴山。《元和郡县图志》所反映的主要就是这样的疆域范围。元和时，陇右已为吐蕃所据，但作者为了表示"收复故土"之志，仍将其列入记述范围。在政区记述时，志书不但记载了唐王朝直接控制的京兆府、华州、同州及其辖县，而且详细记述了节度使、观察使、经略使、安南都护府所控制的州县，具体反映了安史之乱以后，"自国门以外，皆裂于方镇"（《新唐代·兵志》）的局面。《元和郡县图志》记载唐代的政区沿革时，往往追述到周秦两汉。而关于南北朝时期的政区沿革记载尤为可贵。因为记述南北朝时期的正史，除《宋书》、《南齐书》、《魏书》外，其他各史均无地理志；《隋书·地理志》虽称梁、陈、北齐、周、隋五代史志，但隋以前的四个朝代较为简略，《水经注》虽是北魏地理名著，但它毕竟是以记述水道为主的著作，因而《元和郡县图志》有关这一时期的叙述至关重要。许多唐代以前的重要都邑、城镇、关隘、津渡、陵墓等，亦是赖于它的记载才明了其具体地望的。

自然地理方面：在汉魏地志中，《汉书·地理志》载河流湖泊名称 261 个，《水经注》载河流 1252 条（一说记载各种水体 3000 左右）。但北魏至唐元和年间 300 多年中，并无记载河流湖泊的地理书流传至今，而《元和郡县图志》按县记载了大小河流 550 余条，湖泽陂池 130 多个，对研究这 300 多年间水体的自然变迁，无疑是一份十分珍贵的资料。

经济地理方面：《元和郡县图志》每州之下皆有"贡赋"一项，这可以说是《元和郡县图志》一书所首创。"贡赋"主要记载各地区物产，特别是土特产，包括著名的手工业产品及矿产、药材等的分布情况。同时对各地的水利场施、监牧场地、马匹数字、冶官铸钱、产油矿井等内容都有记述。而且有的州下，还有"乡"的统计数字，可据以概测有关地区的开发情形。这些内容，对于研究唐代经济地理都十分重要。

人口地理方面：《元和郡县图志》沿袭了历代地志的特点，对于户口数的记载十分重视。书中主要记载了盛唐开元时代及后唐元和时代两个时期的户口数。这些记载，为研究安史之乱前后各地的户口变动情况提供了重要依据。

《元和郡县图志》史料价值很高，据初步统计，它所引用的书籍和碑记有 100 余种，其中很多是今已失传的珍贵史料。书中所载建置沿革和其他地理内容，很多与两《唐志》不同，经历代学者研究，《元和郡县图志》所载多可依据，故其后的《太平寰宇记》、《读史方舆纪要》、《嘉庆重修一统志》多有引用。

作为体例精到的总志，《元和郡县图志》对后世总志的编纂影响极大，同时对地方志书、地理书亦影响深远。在《元和郡县图志》以前的地志，仅注意沿革、山川、古迹、物产，其他方面很少记载。李吉甫在继承前人成就的基础上，弥补其不足，在《元和郡县图志》中增加了辖境、四至八到、户数、乡数、贡赋等，使其范围大，内容充实，为后世方志所效法。

《元和郡县图志》内容翔实，所采汉、魏六朝各家地志及集《水经注》、《括地志》等文献，记述山川、城邑、户口、贡赋等，很多是正确的，但因循旧说，失于考证之处亦在所难免。其体例上亦有欠缺之处。例如，书中记述年代本当以元和为断，但有些内容却不是元和时代制度；有些项目的内容记载不齐全。但无论怎样，《元和郡县图志》仍不失为开我国总地志先河的一部优秀总志。

方志定型于宋代

宋代以前，虽然方志的形式已逐渐多样，但多为图经、地记，而且内容均以记地、记人、记物的专书为多。这些方志体例并不完备，只能在广义上作为方志看待。到了宋代以后，综合了以往各体方志的特点，终于培育出从体例到内容都较为完备的方志。宋代正是处于广义方志和完备方志之间，承前启后的时期。在这个时期，方志的最大特点是志书的体例已经基本定型。清代学者郭嵩焘在《光绪湘阴县图志》序言中说："地志体例，经始于北宋，至南宋而始备。"这一观点符合事实。宋以后，历经元、明、清三代，直至民国，虽然仍有变化发展，但终究没有改变由宋代定型的方志大体格局。

（1）修志盛况空前

编修方志在宋代相当普遍，大至全国，小到乡镇各级政区多有志书。当时所修志书共有多少，准确数字实难查考。张国淦认为有 700 多种。（《中国古方志考》）陈正祥认为，当时"以志为名者三百八十三种；以图经为名者一百七十六种。此外，尚有记八十二种，图志二十二种，合计约达八百种。"（《中国文化地理》第 32 页，三联书店 1983 年版）实际数字应远远超出此。但今天仅存 30 余部，其余多已亡佚。

北宋图经的发达。

出于统一版图、收复失地、保卫既有疆土的需要，北宋历朝统治者都相当重视绘制舆图和编纂图经。如果说，汉代已有图经，魏晋南北朝及隋唐时期，图经有了进一步发展的话，那么，时到北宋，图经则处于鼎盛时期。

首先，是历朝帝王对图经修纂的重视。早在太祖建立北宋之初，便命人对后蜀的地理状况加以研究，让人"指陈山川形势，戍守处所，道里远近，画以为图。"（《玉海》卷十四，《乾德山川形势图》条。）并以此为据，顺利攻取西川。开宝四年（971年），又命"知制诰卢多逊等，重修天下图经。"（《续资治通鉴长编》卷十二，开宝四年。）以备统一天下之用。卢多逊为了取得江南十九州的资料，出使江南，在江南国主李煜的全力协助下，终于如愿以偿。开宝八年（975年），宋准又"受诏修定《诸道图经》"，即《开宝诸道图经》。

太宗时，出于收复燕云十六州之需，十分重视志书的编纂。乐史之《太平寰宇记》因此而撰成。书中对仍未收复的燕云十六州与其他州郡一样，详细著录。以备参考。

真宗时，辽朝兵威未解，西夏又渐成边患，为固守现有疆界，不但重视边地舆图的绘制，绘成《山川郡县形势图》等，而且十分重视图经的编纂。景德四年（1007年）二月，真宗"因览《西京图经》，有所未备，诏诸路、州、府、军、监，以图经校勘，编入古迹，选文学之官，纂修校正，补其缺略来上，及诸路以图经献，诏知制诰孙仅，待制戚纶，直集贤院王随、评事宋绶、邵焕校定。"（《玉海》卷十四，《祥符州县图经》条）孙仅等认为各地图经体制不一，于是命翰林学士李宗谔、知制诰王曾领其事，修成图经1566卷，因成书于祥符三年（1010年），故称《祥符州县图经》。这次大规模地纂修图经，影响深远，"由是图籍大备。"（刘文富《重修严州图经·序》）真宗时还重修《十道图》。先时修成《景德十道图》，经扩充内容，又成《景德山川形势图》。

仁宗时，对地图及志书的编修亦十分重视。新修《地理图》50卷，《图绘要览》一卷，诏赐名《皇祐方舆图志》。

神宗即位后，决心励精图治，起用王安石为相，实行变法革新。为此，必须及时了解不断变化的国情，这又促进了图志的编纂。《元丰土贡录》、《十八路图》正是此时而成。赵彦若于熙宁四年（1071年）上《十八路图》二卷时，随附《图副》20卷。所谓《图副》，就是对地图的详细文字说明，也就是志书。熙宁八年（1075年），神宗又下诏删定《九域图》。由于《九域图》自大中祥符年间修定以来，已有60余年，其间"州县有废置，名号有改易，等第有升降，年载古迹有出于俚俗不经者"，（《玉海》卷十五，《熙宁九域志》条）都官员外郎刘师旦请求重新修订。于是神宗"命集贤校理赵彦若、馆阁校勘曾肇充删定官，彦若辞，复命光禄丞李德刍删定，而知制诰王存审其事。既而上言以旧书不绘地形，难以称图，更赐名《九域志》。"由于《九域志》于元丰三年（1080年）闰九月"进呈，六年闰三月诏镂，八年八月颁行"，因此称为《元丰九域志》。《元丰九域志》30卷，图30卷。

哲宗绍圣四年（1097年），兵部侍郎黄裳说："今《九域志》所载甚略，愿诏职方取四方郡县山川、民俗、物产、古迹之类，辑为一书，补缀遗缺。"哲宗十分支持，并"诏秘省录《山海经》等送职方检阅"，供黄裳等人参考。黄裳终于撰成《新定九域志》。（《玉海》卷十五，《元丰郡县志》）

徽宗时，虽亦有续修《九域图志》之议，然终未撰成。但对当时地方上的修志工作也起到一定的促进作用。

第二，北宋继承了定期纂修图经的传统。太祖、太宗时，宋代的各种制度已基本确定，其中修纂图经也有明确规定。宋代承袭五代时期闰年进呈图经的制度。据《宋史·职官志》所载，职方员外郎负责"掌天下图籍。"而"凡土地所产，风俗所尚，具古今兴废之因，州为之籍，遇闰岁造图以进。"淳化四年（993年）又下令"再闰一造"。咸平四年（1001年），又采纳了职方员外郎吴淑的意见，把闰年图初由仪鸾司掌管，改为兵部职方掌管。自此，图经修纂有定期，掌管有专人，修志工作纳入了规范化的正常轨道。

第三，北宋开创了朝廷设局编修图经的先河。南宋朱弁认为，《九域志》是神宗熙宁八年（1075年）"命赵彦若、曾肇就秘省置局删定，今世所刊者也。"也就是神宗时已有设局编修图经。（《曲洧旧闻》卷五）而黄鼎在《乾道四明图经序》中说，徽宗大观元年（1107年）"朝廷创置九域图志局，命所在州郡，编纂图经。"朝廷专门设置机构修纂图志，对地方修志工作起了推动作用。李巙诚《大观明州图经》就是在此时修成。

除图经外，其他形式的志书亦不少。例如，宋敏求的《河南志》、《长安志》，赵抃的《成都古今记》，吕大防的《长安图记》，朱长文的《吴郡图经续记》，欧阳忞的《舆地广记》，洪刍的《豫章职方乘》等，均被后世视为名志佳作。

综上所述可见，北宋太宗时期，《太平寰宇记》在地理书的基础上，"增以人物，又偶及艺文，于是为州县志书之滥觞。"（《四库全书总目》卷六十八，《太平寰宇记》条）这就是由图经向方志转化的开始。神宗时期，赵彦若修纂成《十八路图》和《图副》，图与经文一分为二，即分成地图与志书。元丰年间《九域志》，因"不绘地形，难以称图，更赐名《九域志》。"神宗这一改图为志的决定，标志图经向定型方志转化的完成。此后，图经越来越少。

整个北宋时期，虽然至今志书亡佚大部分，但不难看出，当时总体说来，图经仍在志书中占有压倒优势。

南宋方志的兴盛。

北宋时期，图经的发展达到鼎盛，而且逐渐完成了由图经向方志的转化。到了南宋，方志已基本定型。

偏安一隅的南宋，在修志的方方面面，与北宋大有不同。

首先，在南宋时私撰总志现象屡见不鲜。

康王南渡，建立的南宋政权，只拥有半壁河山。鉴于版图不全，国力大减，朝廷难修总志。终南宋时期，全国性的图经及官修总志极为罕见。但是，出于强烈的爱国主义思想感情，有些文人学士致力于志书的收藏和刻印，有些人还历尽千辛万苦，秉笔私修了一批总志。例如，张几仲刻印《元和郡县图志》，洪迈在序中明言，主要希望"一旦天子读此书，惮山河之独西，想燕冀而慷慨，眷焉北顾，思有所出"，阐明了张几仲的良苦用心。程大昌亦撰《雍录》，其中"特创汉唐用兵攻取备要地一图，其图说多举由蜀入秦之迹，与郭允蹈《蜀鉴》所谓由汉中取关陕者，大旨相印。"（《四库全书总目提要》卷七十，《雍录》条）显然，希望皇师北定中原时，能作兵要地理资料参考。而私撰总志者更是历朝所少见。

绍兴年间，抚州布衣吴澥撰《历代疆域志》10卷，余哲撰《圣域记》25卷，"以本朝州县沿革，山川风物，及古今守备之处汇书之。"（《玉海》卷十五，《绍兴历代疆域志》条）

淳熙年间，王日休撰《淳熙九丘总要》340卷，"郡邑废置，地理远近，人物所聚，物产所宜，该载详备。"（《玉海》卷十五，《淳熙九丘总要》条）

嘉定年间，王象之撰《舆地纪胜》200卷。清人阮元在《舆地纪胜刊本序》中指出："南宋人地理之书，以王氏仪父象之《舆地纪胜》为最善。"

嘉熙年间，东阳布衣王希先撰《皇朝方舆志》200卷。同期，祝穆撰《方舆胜览》70卷。

总之，南宋时方志发展一大特色是私撰总志数量甚多。

其次，南宋方志发展的另一特点是州郡志数量激增。

南宋与金朝征战，主战场在黄淮流域。江南地区相对安定。由于战乱，大批中原百姓迁徙江南，促进了南方农业、手工业、商业的发展，也导致了南方城市、集镇的兴盛。正因如此，出于经济发展和治理地方上的需要，南宋时州郡志大量编纂，数量激增。

都城临安，在百年间就连修三志，有周淙《乾道临安志》、施谔《淳祐临安志》、潜说友《咸淳临安志》。明州在数十年间就三次修志，有张津《乾道四明图经》、罗濬《宝庆四明志》、梅应发《开庆四明续志》。湖州亦修有多志，有《吴兴续图经》、周世楠《吴兴志旧编》、谈钥《吴兴志》、陈振孙《吴兴人物志》等。成都府终南宋一代，修志有五部之多，有王刚中《续成都古今记》、范成大《成都古今丙记》、胡元质《成都古今丁记》、孙汝聪《成都古今前后记》、袁说友《成都志》。这些地区，平均30年修成一部志书。当时，范成大《吴郡志》、陈耆卿《赤城志》、周应合《建康志》、罗愿《新安志》、梁克家《三山志》、史能之《毗陵志》等一批地区性志书，至今仍被人称作名志。

南宋修志另一特点是县志渐多。

北宋已出现县志，如尤溪县宋咸修有《尤川志》。但北宋时县志数量并不多。到了南宋，县志渐多，但书名亦甚少直称"县志"的。例如，《黄岩志》、《旌川志》、《泾川志》、《新吴志》、《乐清志》、《修水志》、《连川志》等，虽无"县志"之名，但毫无疑问均为县志。另外，亦有用本县别名作县志书名的。如高似孙《剡录》、杨潜《云间志》、钟秀实《琴川志》等，实际上分别是嵊县、华亭县、常熟县的县志。

有人认为北宋时已有乡镇志，但无实据。今天学者们认为，第一部乡镇志的出现应数南宋常棠于绍定三年（1230年）纂成的《澉水志》。

由于官民对修志事业的重视，更由于战争的需要、经济发展的要求、巩固政权的必备，南宋时期方志出现了一个相当兴盛的局面。

辽、金的志书。

两宋时期，北方的辽、金是否亦有修志活动呢？就辽朝而言，出于"盖国之虚实，不以示敌"的需要，因此书禁甚严。当时是否有修志活动至今仍是不解之谜。我们所知的《契丹国志》，是南宋人叶隆礼所撰，并非出自辽人之手，甚至此志还有学者认为出于元代。

但金朝与辽朝不同，不但修纂过志书，而且兵部尚书一人典掌郡邑图志。《大元一统志》曾在吴堡县下征引《金大定职方志》二条。可知当时曾编修过全国性的总志。而《大定职方志》是至今仅知的一部金朝总志。金人归顺南宋者亦有修撰金朝总志的，但并非金朝官修。今天所知的《金图经》，又名《金国志》，是降南宋金人张棣所撰，而且只是私撰。而归顺南宋的宇文懋昭也私撰有《大金国志》40卷。由于后来混进了元人所加内容，亦有人怀疑为元人所作。

金朝也有修纂州县志书之举，但流传至今的极少。今天知道名字的有《五台县志》、李余庆《齐记补》、吕贞于《碣石志》、蔡珪《晋阳志》等，但早已亡佚，只是在古籍著录与征引中仍可知其书名。

（2）志书内容的扩展

两宋以前的方志，大多以记述地理为主要内容，无论地记、图经多局限于此。虽亦有一二如《华阳国志》之类的综合性志书，但属凤毛麟角之列。到了宋代，一改从前，社会历史方面的内容大量入志，而且逐渐占据了主导地位。

政书的编纂、史学的发展对两宋志书的影响。

宋曾刮起一股编纂"会要"之风。会要在当时属于政书，是处理政事的参考资料。宋代修成的会要有《庆历国朝会要》150卷、《元丰增修五朝会要》300卷、《乾道续四朝会要》300卷、《庆元光宗会要》100卷、《嘉泰宁宗会要》250卷、《嘉定国朝会要》588卷。此外，编纂了不少前朝会要，如王溥的《唐会要》、《五代会要》，徐天麟的《西汉会要》、《东汉会要》等。会要把当时的政治、经济、文化等各方面有关典章制度的资料，分门别类，原原本本编纂成政书，每门之中又有子目。这种政书，不但在体例上对方志的编纂有所启发，而且主要记述社会历史内容方面亦给方志内容的扩展提供了榜样。马光祖在《景定建康志》序中就指出，志书"岂徒辨其山林川泽都鄙之名物而已"，主张在地理之外，还须载入经济、政治、军事、人物乃至史事，充分反映了政书对方志内容扩展的影响。

宋代史学空前繁荣。欧阳修和宋祁的《新唐书》、薛居正《旧五代史》、司马光《资治通鉴》、郑樵《通志》、袁枢《通鉴纪事本末》、李焘《续资治通鉴长编》、李心传《建炎以来系年要录》等巨著纷纷面世。加上印刷术的发展，史书广为流传。这一切对方志必然产生影响，编纂志书的人都希望自己的作品能成为一方之史。郑兴裔谓"郡之有志，犹国之有史"（《广陵志序》，《郑忠肃公奏议遗集》下），正好说明了宋代志家对社会历史内容的重视。这也是宋代方志在内容上冲破主要记载地理的传统，大量增加社会历史内容的原因之一。

宋代志书门类的拓展。

志书内容门类的拓展，在宋代应首推乐史的《太平寰宇记》。乐史认为，唐代贾耽、李吉甫所撰的志书都有漏落遗缺。因此，在编纂《太平寰宇记》时，于"地里之外又编入姓氏、人物、风俗数门，因人物又详及官爵、及诗词杂事。"（洪亮吉《太平寰宇记》序）《四库全书总目》认为，"其书采摭繁富，惟取赅博，于列朝人物，一一并登，至于题咏古迹，若张祐《金山诗》之类，亦皆并录。后来方志，必列人物艺文者，其体皆始于史。盖地理之书，记载至是而始详，体例亦自是而大变。"自宋以后的方志，除图经外，绝大多数都有职官、选举、人物等门类。这与宋以前的方志虽亦有兼及人物，但毕竟为数不多的现象可谓大不相同。而这前后的分界正是《太平寰宇记》。

宋敏求有感于唐韦述的《两京记》疏略不备，于是演之为《河南志》与《长安志》。《河南志》早佚，司马光在此书序言中说，"凡其兴废迁徙，及官室、城郭、坊市、第舍、县镇乡里、山川、津梁、亭驿、庙寺、陵墓之名数，与古先之遗迹，人物之俊秀，守令之良能，花卉之殊尤，无不备载。考诸韦记，其详不啻十余倍……真博物之书也。"（《河南志序》，《司马温公文集》卷六十六）今日犹存的《长安志》其所载"凡府县之官，官尹之职，河渠关塞之类，至于风俗、物产、宫室、道弄、无不详备、世称其博。"（《郡斋读书志》卷八，《长安志》条）甚至"其坊市曲折，及唐盛时士大夫第宅所在，皆一一能举其处。"（《四库全书总目》卷七十，《长安志》条）可见，《河南志》、《长安志》的内容，除地理外，已大量加入社会历史的内容。

而赵抃的《成都古今记》的内容"以类相从，分百余门。"可见其内容之广博，绝非宋以前的地记、图经所能比拟。

两宋志书内容含量大增。

两宋志书的内容，不仅门类增加，而且门类中内容含量亦大增。

《汉书·地理志》在每郡之下都载有户、口，但仅载同时期的一组数字。唐代《元和郡县图志》在府、州之下也载有户数，仅具开元、元和前后两个时期的数字。北宋《太平寰宇记》不但载有唐开元户、皇朝户，还载入客户数字。《元丰九域志》也载有主、客户数。而南宋《乾道安志》户口门所载，不但有从隋到当时的六个时期的户口数字，有的还户、口并具，主、客分记，其内容含量已超过了以前的志书。

《元和郡县图志》于州、府之下，仅记贡、赋品种，并不及数目。而《嘉定镇江志》在田赋门内，就载有屯田、军田、职田、土贡、钱监、宽赋、和买、经总制钱、免役钱、均役、课程、坊场、河渡等项，不仅载各项具体数字，还载其沿革。

宋以前的志书甚少记载吏役情况，而宋代的方志对此已有记载。例如，《三山志》版籍门中就设有役人之目。《嘉定赤城志》中专设吏役门，分州役人、县役人、乡役人三目。在州役人"衙前"条中，不但载有衙前差役的数目，而且详述其资格、期限、数额。

宋代方志还比以往的方志更加重视兵防关系的记载。例如，《嘉定镇江志》的兵防门，就有 30 个子目之多。

正是由于宋代方志受政书、史学发展影响甚大，逐渐由记述地理为主转而以记载社会历史为主。增加门类、扩展门类的内容含量，使得当时的方志内容大大拓宽、齐备。在方志发展史上，为后日方志的内容设置，起了承前启后的重要作用。

（3）方志体例的定型

由于内容的扩展，两宋时的方志已不能囿于地记、图经等的表现形式。当时的方志学者，尝试着采用能够容纳众多门类的体例进行编纂。这种尝试，终于导致了方志体例的飞跃。正如张国淦所说，"方志之书，至赵宋而体例始备，举凡舆图、疆域、山川、名胜、建置、职官、赋税、物产、乡里、风俗、人物、方技、金石、艺文、灾异无不汇于一编。隋唐以前，则多分别单行，各自为书。其门类亦不过地图、山川、风土、人物、物产数种而已。"（《中国古方志考·叙例》）也就是说，两宋时，方志已由"分别单行，各自为书"

的形式，发展为繁多门类"汇于一编"的形式。

宋代志书体式的类型。

两宋时志书的体式类型基本上得到确定，众多门类"汇于一编"的志书，已居于主导地位。宋代确定下来的各种志书体式类型，或称体例类型，对日后各朝、各代乃至今日的志书影响深远。当时已确定下来的体例类型约有以下几种。

第一，平列体。所谓平列体，是一种诸多门类并列平行而互不统摄的结构方式。最早的平列体志书或许要数景德元年（1004 年），左文质所撰《吴兴统计》了。其书"分门别类，古事颇详。"（《直斋书录解题》卷八，《吴兴统计》条）元丰七年（1084 年），朱长文纂《吴郡图经续记》，卷上设封域、城邑、户口、坊市、物产、风俗、门名、学校、州宅、南园、仓务、海道、亭馆、牧守、人物，卷中设桥梁、祠庙、宫观、寺院、山、水，卷下设治水、往迹、园第、冢墓、碑碣、事志、杂录。全书共 3 卷 28 门。书中以类聚事，按类分门，类目清晰，开卷了然，日后仿效者甚多。

《吴郡图经续记》应该说仍有由图经向定型方志过渡的痕迹。而南宋范成大的《吴郡志》可算是典型的平列体志书。该书共 50 卷，分设沿革、分野、户口、税租、土贡、风俗、城郭、学校、营寨、官宇、仓库（场务附）、坊市、古迹、封爵、牧守、官吏、祠庙、园亭、山、虎丘、桥梁、川、水利、人物（列女附）、进士题名（武举附）、土物、宫观、府郭寺、府外寺、县记、冢墓、仙事、浮屠、方技、奇事、异闻、考证、杂咏、杂志等39门，比《吴郡图经续记》更详细，向被志家称为名志。此外，杨潜《云间志》、《嘉泰会稽志》、《嘉泰吴兴志》、《宝庆会稽续志》等，也属于这种体例。

平列体类型具有门类清晰，易于检索的优点，但由于分门过多，在结构上难免琐碎松散。

第二，纲目体。纲目体的结构方式是为全书先制定若干大纲，然后每纲再分诸多细目。这种体例类型又分为两种，一种是以事类为纲，另一种是以政区为纲。后者多在全国性的总志运用。

以事类为纲的志书，如南宋淳熙九年（1182年），梁克家编纂的《三山志》，书中设地理、公廨、版籍、财赋、兵防、秩官、人物、寺观、土俗等9门。每门之下各设若干细目。又如陈耆卿《嘉泰赤城志》，设地理、公廨、秩官、版籍、吏役、军防、山水、寺观、祠庙、人物、风土、冢墓、纪遗、辨误等15门，其中绝大多数门下都设细目。其余《宝祐仙溪志》、《咸淳毗陵志》，常棠《澉水志》等，亦是此种体式的志书。

以政区为纲的志书，多在纲下分类叙述，或以类立目。这种体例最早在《汉书·地理志》中运用，唐《元和郡县图志》继承了这一形式，并加以发扬。到了宋代，在编纂全国性总志时，这种体式运用较为普遍。

《元丰九域志》以23路为大纲，下记所辖府、州、军、县数；再以府、州为小纲，下记所隶节度、治域、沿革，并以地里、户、土贡、所辖县、监数及其沿革为目，以县、监为子目进行具体记述。这种双层纲目式的体例，虽较为复杂，但对辖区广大的总志还是比较合适的。

《舆地纪胜》共 200 卷，以府、州、军、监为纲，"每府、州、军、监分子目十二，曰府州沿革、曰县沿革、曰风俗形胜、曰景物上、曰景物下、曰古迹、曰官吏、曰人物、曰仙释、曰碑记、曰诗、曰四六。"（钱大昕《十驾斋养心录》卷十四，《舆地纪胜》条）

《方舆胜览》的体式类似《舆地纪胜》，也是以府、州、军为纲，纲下设目有建置沿革、郡名、风俗、形胜、山川、井泉、亭台、池馆、楼阁、祠墓、名宦、人物、名贤、题咏、外邑、四六等。

纲目体志书，有纲举目张、条理井然的特点，后来仿效者亦不少。但由于纲目统属关系严格，若一旦统属不当，就会影响质量。

第三，纪传体。纪传体是仿纪传体史书的体例，以纪、表、志、传等体裁分部类的结构方式。最早采用这种体例的是周应合所纂的《江陵志》。可惜此书已亡佚。

周应合受聘于马祖光，于景定二年（1261 年）纂成《景定建康志》50 卷。这是一部典型的纪传体志书。全书以《留都录》居首；随后为建康图、地名辨；接而为建康表；紧接为疆域志、山川志、城阙志、官守志、儒学志、文籍志、武卫志、田赋志、风土志、祠祀志；再次为古今人表、为正学传、孝悌传、节义传、忠勋传、直臣传、治行传、耆旧传、隐德传、儒雅传、贞女传；最后为拾遗。志中子目多少不等，古今记咏，各附于所记内容之下。凡图、表、志、传卷首，各为一序。全书以图、表、志、传、录、序、辨等7种体裁，组合成一个有机整体。后人多认为此志"体例最佳"。仿效者不绝。直至当今修志的五大部类结构方式，也应源于此。

第四，古今对照体。古今对照体是一种前半叙古后半述今的结构形式，便于前后对照。这种体式，创自唐贾耽《贞元十道录》，到宋代最后得到确定。

北宋政和年间，欧阳忞纂《舆地广记》38卷。志书前三卷记历来疆域，提其纲要，而系以宋郡县名。第四卷专载宋郡县名，以当目录。第五卷以后到四京二十三路郡县沿革分合，记宋以来情况。其体例显得十分清晰。

南宋王希先撰成《皇朝方舆志》200卷。书中凡述前代的称为"谱"，共80卷；记述本朝的名为"志"，共120卷。谱叙当时事实，而注以今之郡县；志述今日疆理，而系以古之州国，相互参照。

古今对照体前后对照，古今分明。但由于横分门类，纵述古今的平列体、纲目体、纪传体等体式在南宋已占统治地位，因此古今对照体在当时没得到发展，后世方志采用者也不多见。

第五，州后附县体。这种志书的体例，其结构方式是州志后附各自为篇的县志。

北宋熙宁年间成书的《长安志》20卷，首卷分总叙、分野、土产、土贡、风俗、四至、管县、户口、附杂制9篇；次卷分雍州、京都京兆尹、府县官4类；

第三卷至第十卷皆述历代古迹；第十一卷至第二十卷则为各县。各县纲下列目，凡府县之政、官尹之职、河渠、关塞、风俗、物产、宫室、街道各方面都作了记载。此书在体例上对宋代州后附县体有较深影响。较早采用这种体例的是南宋的《乾道四明图经》。类似志书，还有淳熙年间罗愿的《新安志》、刘文富的《严州图经》，此外罗濬的《宝庆四明图经》亦属此例。

宋代方志创置的门类。

宋代方志不但在体例类型即结构体式上得到确定，而且创置了不少门类，充分反映了宋代方志体例确实已定型。

首先，创置了纪年门。曹叔远的《永嘉谱》，实即《温州志》，约成书于绍熙初年。全书分年谱、志谱、名谱、人谱4门。所谓"年谱"，主要是记述建置沿革诸大事，并编年纪载。这种区分四目的方法，在古地志中，应该说是创例。纂于嘉定年间的高似孙《剡录》，其书首为县纪年，编年纪事，文字极为简洁。像这类设置纪年门的志书，在宋代虽然不多，但却开了后世方志设置"大事记"的先河，在方志发展史上具有重要意义。

其次，首创地理门。两宋以前，方志内容主要以地理为主，不少学者称这个时期的志书为地理书。但在志书中独辟地理门，还是始于宋代。志中的地理门，把有关地理方面的内容相对集中在一起，与其他门类相并列。在地理门下还分有子目。例如，《嘉定镇江志》将叙郡、城池、坊巷、桥梁、山川，作为子目置于地理门之下。《嘉定赤城志》在地理门下设有叙州、叙县、城郭、乡里、坊市、馆驿、桥梁、津渡等子目。《咸淳毗陵志》也设置了地理门。表明方志在宋代已冲破了主要志载地理的传统，将容纳综合性内容的体例基本确定下来。

再者，集中辑录艺文。早在北朝时，宋孝王《关东风俗传》中就设有《坟籍志》，可以说，这是志书艺文志的创始。但当时仅限于罗列那时期的书名作者。宋代加以发展，不仅列书目，而且载诗文，并有诗文专集的编纂。例如，《乾道四明图经》以 4 卷之多的篇幅，收录古赋、古诗、律诗、绝句、长短句、记、碑文、铭、箴、祭文。《嘉泰会稽志》卷二十亦收录古诗文。《开庆四明续志》从第九卷至第十二卷均录吟稿、诗余。《剡录》卷五为书、文，卷六为诗。其中的"书"，主要罗列戴逵、阮裕、王羲之、谢灵运、谢玄、孙绰、支遁、顾欢、葛仙翁等人的著作和阮、王、谢氏家谱的名目及卷数，即书目。而所谓"文"，是抄录谢安、戴逵等人的序、赞、碑文等单篇文章。朱长文将古今文章，别为《吴门总集》，与《吴郡图经续记》相辅而行，开了后世方志中"文征"体例的先河。后世方志中的《艺文志》、《经籍志》，都受到宋代方志的影响。

第四，志书中增设杂录。由于横分门类，难以统属地方上的遗闻逸事，于是宋时方志开始增设杂录一门加以收录。《长安志》、《吴郡志》分别设"杂录"、"杂志"。《新安志》的"杂录"主要记述人事、诗话、杂艺、砚、纸、墨、定数、神异、记闻等内容。其余志书中的"记遗"、"叙遗"、"拾遗"等名目，实际上均为杂录。自宋方志设杂录始，后世志书相继仿效，成为定例。

此外，宋代方志的体例，无论在编纂方式及书写格式上都有别于前日方志。

首先，在编纂方式上，开创了志书撰著体与纂辑体的先例。其中《新安志》即是世人公认的撰著体志书。所谓著述体，主要依据资料自己撰写，一气呵成，中间虽也涉及一些人和事，并不旁征博引，也不注明文献出处。而《吴郡志》则是典型的纂辑体。纂辑体志书，一般来说，作者不自撰述，只是作资料排比，注明出处，并大量征引诗文，以求"述而不作，言必有征"。

在书写格式上，两宋的志书还有留尾之制。例如，《舆地纪胜》的体例，每卷各门之末，大体上都留空行，以待续有增补。成书之后，有空行可增续者，则附入各门之中，无空行可补者，则补注子目之下。《景定建康志》、《宝庆四明志》都采用这种留尾之制。《宝庆四明志》早在宝庆三年（1227 年）已成书，但清人所见《宝庆四明志》，有些事记述到了咸淳年间，晚于成书年代三四十年以上，可见已经后人于留尾处增补。

另外，宋代志书，在体裁上，除有志、传、纪、表之外，部分志书还有小序之设，以在门类之下，目与目之间进行联络，加强整体性。

总而论之，志书体例所涉及的各个方面，在宋代已基本定型，深深地影响着后世的方志，可以说，宋代是方志体例的承前启后时期，是方志发展史上重要转折点。

（4）两宋名志简介

两宋时期，出现了一批有名的志书，其中既有总志，亦有地方志。

首先，宋代编纂出不少为后世称道的总志，例如，北宋乐史的《太平寰宇记》、王存的《元丰九域志》、欧阳忞的《舆地广记》；南宋王象之的《舆地纪胜》、祝穆的《方舆胜览》等都十分著名。

《太平寰宇记》。

《太平寰宇记》的撰者乐史，字子正，抚州宜黄县（今江西宜黄县）人，太平兴国年间的进士。官著作佐郎、著作郎、直史馆，后又在舒州、两浙、黄州、商州等地为官。他一生致力于著述，生平所撰甚丰，有《太平寰宇记》、《总记传》、《坐知天下记》、《商颜杂录》、《广卓异记》、《诸仙传》、《宋齐丘文传》、《杏园集》、《李白别集》、《神仙宫殿窟宅记》、《掌上华夷图》、《仙洞集》等作品，其中，以《太平寰宇记》最称巨著。

乐史为使宋帝"不下堂而知土，不出户而观万邦"，全面了解国情，以便巩固疆土，实现汉唐盛世那样的"华夷大一统"，用了 8 年时间，终于在雍熙四年（987 年）撰成《太平寰宇记》200 卷。卷一至卷一百七十一依次为河南道、关西道、河东道、河北道、剑南西道、剑南东道、江南东道、江南西道、淮南道、山南西道、山南东道、陇右道、岭南道，卷一百七十二至二百为"四夷"。此书在继承前代地理书的基础上，又有新发展：其一，在记述各道、府、州、县时，创造性地增加了各地的风俗、姓氏、人物、艺文、土产等人文和经济内容。一改以往单纯地理书，主要志述地理为主，把志书扩充成以社会历史为主，史地相结合，内容详备的真正方志。其二，征引文献近 200 种，并注明出处，考证相当用功。不论过往"贾耽之漏落，吉甫之缺遗，此尽收焉。"其三，经济内容记载甚为详细，将《元和郡县图志》的"贡赋"扩展为"土产"，并将各地坑冶、铸钱、牧马、盐场的设置时间、生产规模以及课税等，一一入志。可以说，开创了关于我国生产力的分布及其发展的研究。

《元丰九域志》。

《元丰九域志》王存等撰。王存，字正仲，润州丹阳县（今江苏丹阳市）人，曾任秘书省著作佐郎、尚书左丞等职。全志共 10 卷，撰成于元丰三年（1080年）。其后又陆续修订，所记述政区实为元丰八年的制度。正式刊行迟至元祐元年（1086 年）以后，故后人有作《元祐九域志》或《熙宁九域志》之称。该志书始于东、西、南、北四京，次列京东、京西、河北、陕西、河东、淮南、两浙、江南、荆湖、成都府、梓州、利州、夔州、福建、广南诸路。各路分载所属府、州、军、监的地理、户口、土贡。府州之下，分别载述各县等级、距离府州的里程、乡镇及名山大川。最后志述省废州军、化外州及羁縻州。《元丰九域志》有如下一些特点：其一，在建置沿革方面，仅写宋代，不述前代的变化；其二，每县之下，对乡仅写数目，不写名称，但各县所属的镇、铺、堡、寨、银场、盐场、矾场等则一一具名；其三，对京、府、州、县之间的距离，及府州的四至八到，均记载特别详细；其四，不著述古迹、人物、风俗等内容。清代学者认为，这种志书十分务实、简略，为"诸志所不及。"（《四库全书总目提要》卷六十八，《元丰九域志》）

《舆地广记》。

《舆地广记》的作者是欧阳忞。据说，欧阳忞是欧阳修的族孙。但又有个别学者说欧阳忞实无其人，只不过"特假名以行其书耳"。（《郡斋读书志》卷八）全志共 38 卷，前三卷阐述自《禹贡》至五代的疆域大略，第四卷为宋代四京、二十三路名，第五卷为四京及其州县、第六卷至第三十八卷，依次为京东东路、京东西路、京西南路、京西北路、河北东路、河北西路、陕西永兴军路、陕西秦凤路、陕西路化外州、河东路、淮南东路、淮南西路、两浙路、江南东路、江南西路、荆湖南路、荆湖北路、成都府路、梓州路、利州路、夔州路、福建路、广南东路、广南西路、广南路化外州。全书主要叙述建置沿革，体例明晰，"端委详明，较易寻览，亦舆记中之佳体也。"（《四库全书总目提要》）

《舆地纪胜》。

《舆地纪胜》成书于南宋，撰者是王象之。王象之，字仪父，婺州金华县（今浙江金华市）人，曾担任过长宁军文学、江宁知县。此志书"盖以诸郡图经，节其要略"而成。原书200卷，今本已缺31卷。综观全书，可知它以南宋嘉定十四年（1221年）二十五府、三十四军、一百零六州、一监为纲，下分府（州）沿革、县沿革、风俗形胜、景物、古迹、官吏、人物、仙释、碑记、诗、四六等12子目。书中对地方形胜、山川英华的记载甚为详赡。时人已因此对此志书十分称赞。加上王象之治学谨严，又勤于搜访与考证，其书引文必注出处，因此后人认为"南宋人地理之书，以王氏仪父象之《舆地纪胜》为最善。"（阮本《舆地纪胜刊本序》）

《方舆胜览》。

《方舆胜览》成书于南宋理宗嘉熙三年（1239年），撰者祝穆字和甫，建阳（今福建建阳县）人，为兴化军涵江书院山长。全书70卷，以行在所临府为首，次为浙西路、浙东路、福建路、江东路、江西路、湖南路、湖北路、京西路、广东路、广西路、淮东路、淮西路、成都府路、夔州路、潼川府路、利州东路、利州西路。各系所属府州军于下，并标20目，即：郡名、风俗、形胜、土产、山川、学馆、堂院、亭台、楼阁、轩榭、馆驿、桥梁、寺观、祠墓、古迹、名宦、人物、名贤、题咏、四六。此志书对于名胜古迹罗列甚多，且独备诗赋序记之载，后人因此认为它"名为地记，实则类书也。"但书中资料采撷颇为丰富，是其一大特点。

除了总志，两宋的地方志书有名的也十分多。其中，范成大的《桂海虞衡志》、《吴郡志》，罗愿的《新安志》，以及"临安三志"（《乾道临安志》、《淳祐临安志》、《咸淳临安志》）和宋敏求的《长安志》、朱长文的《吴郡图经续记》、梁克家的《三山志》、高似孙的《剡录》、施宿的《嘉泰会稽志》、周应合的《景定建康志》、常棠的《澉水志》都颇具特点。

《长安志》。

《长安志》作者是北宋著名史学家宋敏求。他是赵州平棘（今河北赵县）人，字次道，官龙图阁直学士，曾参加《新唐书》的修纂，编《大唐诏令集》130 卷。他所著《河南志》（已佚）与《长安志》（约成书于皇祐、熙宁年间），以其内客广博、考订详细而著称。《长安志》20 卷，首卷分总叙、分野、土产、土贡、风俗、四至、管县、户口、附杂制 9 篇；次卷分雍州、京都、京兆尹、府县官 4 类；第三至第十卷为历代古迹；第十一至第二十卷则为万年、长安、咸阳、兴平、武功、临潼、户县、蓝田、醴泉、栎阳、泾阳、高陵、乾祐、渭南、蒲城、周至、奉天、如時、华原、富平、三原、云阳、同官、美原等县，凡官尹、河渠、关塞、风俗、物产、宫室、街道，无不记载。《长安志》保留了大量长安的遗事，资料价值十分高。今天有明刻本传世。

《三山志》。

《三山志》主要记述福州之事，以福州之九仙山、越王山三山而得名"三山"。又因福州曾为长乐郡，故又名《长乐志》。撰者梁克家，字叔子，泉州晋江人。官右丞相，后又以文观大学士知福州府。志书撰成于南宋淳熙九年（1182 年），原书 40 卷，今本 42 卷。所多两卷，系淳祐中，福州教授朱貌孙续入。其结构分为 9 大类：卷一至六为地理类，包括叙州、叙县、子城、罗城、夹城、外城、驿铺、津渡、江潮、海道等目；卷七至九为公廨类，包括府治、转运行司、提点刑狱司、提举行司、修造场、柚木场、窑务、船场、灰场、炭场、社稷台、庙学、祠庙等目；卷十至十六为版籍类，包括垦田、户口、僧道、官庄田、赡学田、职田、沙洲田、海田、州县役人、水利等目；卷十七为财赋类，包括岁收、岁贡等目；卷十八至十九为兵防类，包括诸厢禁军、诸塞土军；卷二十至二十五为秩官类，包括郡守、州司官、县官、提刑司官、提举学事等目。卷二十六至三十二为人物类，其目曰科名。卷三十三至三十八为寺观类，包括僧寺、道观二目；卷三十九至四十二为土俗类，分土贡、戒谕、谣讦、岁时、物产等目。《三山志》为南宋名志。其志主于纪录掌故，所记十国之事，可补史籍之遗。

《剡录》。

剡为汉代名县，唐以后改称嵊县。《剡录》即浙江嵊县志。该书为南宋嘉定年间史安之修，高似孙纂。全志原为 12 卷，后佚 7 卷，清修《四库全书》时合并为 10 卷。首为县纪年、城境图、官治志、社志、学志、进士题名、版图、兵籍，卷二为山水志，卷三为先贤传，卷四为古奇迹、古阡，卷五为书、文，卷六为诗，卷七为画、纸、古物，卷八为物外记（分道观、僧庐二目），卷九和卷十为草木禽鱼话。《剡录》叙述有法，编例亦佳，后人甚为推崇。《四库全书总目提要》认为，《剡录》"其先贤传，每事必注其所据之书，可为地志记人物之法；其山水记仿郦道元《水经注》例，脉络井然，而风景如睹，亦可为地志记山之法。"此志富于创造性：一是它的"县纪年"，将嵊县历史上的重大事情，按年代顺序记载下来，成为方志中"大事记"的滥觞；二是志中第五卷"书"著录阮裕、王羲之、谢灵运等乡贤留寓 14 人的著作，及阮、王、谢三氏家谱之名目共 42 种，每书注明卷数，是地方志记载地方文献书目的发端。

范成大与《桂海虞衡志》、《吴郡志》。

范成大是南宋著名诗人、学者，字致能，号石湖居士，平江府（今江苏苏州）人。绍兴二十四年（1154 年）进士，历任著作佐郎、吏部郎官、广西西道安抚使、四川制置使、权知吏部尚书、参知政事等职。他著述甚丰，所著方志就有《桂海虞衡志》、《成都古今丙记》、《吴郡志》等，称得上是宋代的一位多产志家。

在广西为官时，他感到当地"岩岫之奇绝，习俗之淳古，府治之雄胜，又有过所闻"，深深热爱这里的风土，而且与百姓们相处甚好。两年后，范成大被调往四川，但他还眷恋着桂林，不忍离去。在赴川途中，"时念昔游，因追记其登临之处，与风物土宜"撰成《桂海虞衡志》3 卷（《四库全书》并为一卷）。所谓

"桂海"即指今广西之地，"虞衡"是古时的官名，掌土训之书。

《桂海虞衡志》共13篇，为岩洞志、金石志、香志、酒志、器志、禽志、兽志、虫志、花志、果志、草木志、杂志、蛮志。每篇各具小序，全书有总序。书中所记各类事物，均为范氏亲闻目睹，多为其他方志所未载。《四库全书总目提要》赞誉此书"诸篇皆叙述简雅，无套饰土风、附会古事之习"，而且，"颇有考证"。该志记载广西大量的物产，对研究植物学、动物学、药物学及经济地理有十分重要的史料价值，"蛮志"篇更是研究西南少数民族史的珍贵资料。书中记述皇祐五年（1503年）宋将狄青平侬智高后，在广西推行土司制度，是我国土司制度之始。这点在"羁縻州"条十分详细地得到叙述。其余类似这样的详密资料甚多，勘补正史之不足。

范成大在四川任职期间，曾修纂《成都古今丙记》20卷，可惜早已亡佚。晚年，他撰成《吴郡志》50卷。可以说，这部志书是宋代方志的代表作，有宋、明、清刻本传世。

《吴郡志》成书后，直至绍定年间，经知平江府（苏州）尚书郎李寿朋补充后始刻板印行。"其书凡分三十九门，征引浩博，而叙述简核，为地志之善本。"所分门类有：沿革、分野、户口税租、土贡、风俗、城郭、学校、营寨、官宇、仓库、坊市、古迹、封爵、牧守、题名、官吏、祠庙、园亭、山、虎丘、桥梁、川、水利、人物、进士题名、土物、宫观、府郭寺、郭外寺、县记、冢墓、仙事、浮屠、方技、奇事、异闻、考证、杂咏、杂志等。其中古迹有 2 卷；山川和水利共 5 卷，占全书卷数的十分之一；人物 8 卷，几占全书卷数的六分之一；土物 2 卷；方技独立成卷。可以看出，该书重视地理、水利、历史人物及地方掌故，反映出南宋时期平江府的人文之盛。苏州是一个水乡城市，有"东方威尼斯"之称。风格迥异的桥梁就成了这一城市独特的景观。因此，书中特设"桥梁"一门，以乐桥为中心，分为东北、西北、东南和西南四区，记述了当时的 275 座桥。又如"风俗"门，包括风土、民情、习俗、游宴、灯节、歌舞、奢豪、农器、牛栏、渔具、吴语、衣冠、聚会等。这些都为后世提供了宋代以前苏州的历史演变及南宋时期当地的繁荣景况。特别是志中反映了太湖流域的墟田建设，以及水田施行稻豆、稻麦、稻菜等多种轮作复种的一年二熟法等，对后世的农业生产发展，发挥了促进作用。

《吴郡志》有不少特点：其一，重在纂辑，保存了丰富的资料；其二，侧重于人物门类；其三，采用平列体的结构，设置比较灵活。虽然，《吴郡志》有体例不当之处，如"沿革有郡无县，则眉目不分"，有某些内容入门不当，又有"坊市不附城郭，而附官宇，亦失其伦"等等。但毕竟是一部瑕不掩瑜的好志书，对后世方志影响较大。

罗愿与《新安志》。

南宋学者罗愿，字端良，号存斋，徽州歙县（今安徽歙县）人。他以父荫补承务郎，乾道二年（1166年）登进士第，通判赣州，淳熙中知南剑州事，后迁知鄂州，著作有《尔雅翼》、《鄂州小集》、《新安志》。

赵不悔修，罗愿纂的《新安志》共10卷。卷一州郡，分沿革、分野、风俗、封建、境土、治所、城社、道路、户口、姓氏、坊市、官府、庙学、贡院、放生池、馆驿、仓库、刑狱、营寨、邮传、祠庙等目；卷二物产，分谷粟、蔬菇、药物、木果、水族、羽族、兽类、畜扰、贷贿等目，贡赋分税则、杂钱、夏税物帛、小麦、秋税糙米、折帛钱、进贡、供物帛、上供纸、酒课、税课、茶课、盐课、公用等目；卷三歙县，分沿革、县境、乡里、户口、田亩、租税、酒税、城社、官廨、镇寨、道路、桥梁、津渡、山阜、水源、古迹、祠庙、道观、僧寺、丘墓、碑碣、贤宰等目；卷四休宁、祁门，各县事目略如歙县；卷五婺源、绩溪、黟县；卷六、卷七先达；卷八进士题名、义民、仙释；卷九牧守；卷十杂录，分人事、诗话、杂志、砚、纸、墨、定数、神异、记闻等目。

《新安志》有不少特点：其一，征引详备尤重物产。书中的先达小传，具有始末，多为"史传"所遗。物产是罗愿专门之学，因此，物产门"征引尤为该备"。不仅载录物产的名称，而且很注意记述性状、用途和来历。其二，体例完备，结构严谨。该书基本上属纲目体。州郡、物产、贡赋诸门，下分若干目，基本上是图经之体的继承。先达、进士题名、义民、仙释、牧守等门，沿袭了《太平寰宇记》以来重视人文历史的体例。其所属六县各有若干总目，采取了地理总志分区记述的体例。其人物门类之前各设小序，指引门径，述说原委。是书体例之完备，结构之严谨，可算是南宋定型方志承上启下的代表作。其三，重在撰著，记述得法。这与《吴郡志》的纂辑体有所不同。全书征引资料不注出处，完全是作者自己撰述，一气呵成。

《新安志》虽然备受后人称赞，但是他对其父罗汝楫陷害岳飞之事绝口不谈，又对方腊起义大加污蔑，都有害于志书的真实性。同时也反映出其时代与阶级局限性。

《景定建康志》。

南宋景定年间成书的《景定建康志》，由马光祖修、周应合纂。马光祖，字华父，婺州金华（今浙江金华）人，曾三任江南东路安抚使。周应合，号淳叟，豫章（今江西南昌）人，初任实录馆修撰，后为明道书院山长。

《景定建康志》50卷，分录、图、表、志、传5部分。后世学者对该志评价甚高。元代张铉认为它"用史例编纂，事类粲然。"又说"修景定志者，用《春秋》、《史记》法，述世、年二表，经以帝代，纬以时、地、人、事，开卷了然，与《建康实录》相为表里，可谓良史。"（至正《金陵新志》修志本末）清孙星衍认为："《建康志》体例最佳，各表纪年录事，备一方掌故。山川古迹，加以考证，俱载出处。所列诸碑，或依石刻书写，间有古字。"（《重刻景定建康

志》孙星衍后序）

"临安三志"。

从南宋乾道至咸淳 100 年间，临安府志共修三次，即《乾道临安志》、《淳祐临安志》、《咸淳临安志》，合称"临安三志"。

《乾道临安志》15 卷。乾道五年（1169 年），知临安府周淙纂修。今存残 3 卷。

《淳祐临安志》卷数不详，今残存 6 卷。为淳祐十二年（1268 年）施谔撰（一说陈仁玉纂）。

《咸淳临安志》100 卷，今存 96 卷。是咸淳四年（1268 年），知临安军府事潜说友纂修。此志卷一至十五，为行在所录，除序录、凡例、图外，叙驻跸次第、宫阙、郊庙、朝省、御史台、谏院、六部、诸寺、秘书省、国史院、敕令所、诸监、大宗正司、省所、院辖、监当诸局、三衙、阁职、内诸司、邸第、官宇、学校、贡院、太史局、太医局、堂后官院、宫观、祠庙、苑囿、禁卫兵、省院兵、横宫、馆驿、赋咏。卷十六至一百，为府志，分舆图、疆域、山川、诏令、御制、秩宫、寺官、文事、武备、风土、贡赋、人物、祠记、寺观、园亭、古迹、冢墓、恤民、祥异、记遗等门。各门又含子目。

"临安三志"，各有特点：

《乾道临安志》将宫室、官署单列，总题曰"行在所"，以区别于府志。由于京、府分述，眉目清晰，《咸淳临安志》亦仿此法。同时，志书在记牧守时有政绩者则叙述详细，无政绩者则记载甚为简略，做到详略十分得体。难怪《四库全书总目》称其"体例最善"。

《淳祐临安志》在城府、山川门之前，各有小序一篇，总论形势大要，体例精当。所余残卷中，可见寺院记载最详，不少寺院为《武林梵刹志》、《咸淳临安志》所未载。书中所引《祥符图经》，在宋朝业已散佚，借此亦可得知一二。

《咸淳临安志》的撰者潜说友，人品"殊不足道"，在"志中遇（贾）似道衔名，皆提行或空格，未免滋后人之议；然征材宏富，辩论精核，朱先生竹垞称为宋人志乘之最详者。"（汪远孙《咸淳临安志·跋》）由于全书体例完备，资料翔实，远超前志，加上条理清晰，后人多加仿效。不少著作，如明《西湖志》多有采用。

 6 方志继续发展的元明时期

两宋时期方志基本定型，形成了今天通常意义上的方志。元、明两代的定型方志，已经完全取代了图经，无论其品类的多样性，还是其内容的丰富性，体例的稳定性，都显示出这一时期的定型方志的基础上，创立了一统志的形式；明代专志种类的增加，简志的提倡，对方志的发展均具有重要意义。

（1）一统志的创编

元以前，全国总志屡有纂修，但基本上多是王公、宰辅、史官、学者凭借秘府藏书，职务便利或个人搜集资料纂修的，并无自上而下的发动。虽然《祥符州县图经》的纂修亦曾有发动全国之举，但图经毕竟还是简略。元、明两代，通过纂修一统志，动员了全国，带动各级各类志书的纂修，其作用十分巨大，影响深远。

《大元一统志》的创修。

以漠北少数民族入主中原，一统山河的元朝，为了颂扬一统之盛，十分必要编纂一统志。同时，由于行省的设立，行政区划的调整，已不同于宋、金之旧，更需要一部能够反映全国各个政区综合情况的总志，以巩固其统一大业，维持长治久安的局面，因此，元世祖命令："大集万方图志而一之，以表皇元疆理无外之大。"（《秘书监志》卷四《纂修》）世祖命札马拉鼎、虞应龙等以职方所上版图，纂辑为志，至元二十八年（1291年）书成，全书755卷，定名为《大一统志》。随后，得《云南图志》、《甘肃图志》、《辽阳图志》，因倡议重修，由孛兰肹、岳铉等主持，终于在大德七年（1234年）成书，共1300卷，最终定名为《大元大一统志》，习称为《大元一统志》。

《大元一统志》仿《元和郡县图志》、《太平寰宇记》、《舆地纪胜》等书成例，分设建置沿革、坊郭乡镇、里至、山川、土产、风俗形势、古迹、宦迹、人物、仙释诸门类，古今内容"网罗极为详备"。是书资料，凡大江以南各行省，大半取材于《舆地纪胜》和宋元旧志；北方各省，则取材于《元和郡县图志》、《太平寰宇记》和金、元旧志居多。正因如此，今天我们可运用《大元一统志》订补宋元旧志和残缺的《元和郡县图志》、《太平寰宇记》。《大元一统志》所记事迹，如叙大都寺观之壮丽，古迹之纷繁，多为其他书籍所未见。延安路石油条，鄜州石脂、名油诸条，可补沈括《梦溪笔谈》之遗。延安路范雍、计用章、庞籍、狄青、韩琦、薛奎、王温恭、夏安朝、李师中、李若谷、王庶等人事迹均出自《宋史》，但与今本《宋史》颇有歧异，因《大元一统志》所依据的是元初纂修本，而今天所见《宋史》是后来之脱脱纂修本。可见，《大元一统志》的史料与学术价值都相当高。

《大元一统志》已于明代亡佚，现仅存残本 10 余卷。金毓绂《辽海丛书》中收有《大元一统志》残本 15 卷，辑本 4 卷、考证一卷、附录一卷。今有中华书局出版，赵万里校辑的《元一统志》二册。后人对此志评价甚高。清代四库馆臣称它"最称繁博"；近人金毓绂认为"设使全帙尚在，学者必奉为鸿宝，而《元和郡县志》、《太平寰宇记》不得专美于前，明清二代之《一统志》亦未能独步于后也。"（金毓绂《大元一统志考证·导言》，《辽海丛书》第十卷）

元代全国性总志还有《大元混一舆地要览》、《元混一方域胜览》、《九域志》等，可惜多已散佚。

《大明志》与《大明一统志》。

明太祖朱元璋，十分重视一统志的编纂，早在统一战争接近尾声时就诏令"儒士魏俊民等类编天下州郡地理形势，降附颠末为书。"洪武三年（1370 年）魏俊民等上《大明志》。书中共记行省十二，府一百二十，州一百零八，县八百八十七，安抚司三，长官司一。《大明志》亦称《大明志书》。可惜全书已佚，卷数无考。这是明代纂修的第一部全国总志。

《大明志》成书于战争年代，记载各级政区数目、疆域范围，以及各地降附颠末，毕竟过于简略，明太祖对此并不满足。全国统一之后，他又屡次下诏搜集资料，准备纂修一部详备的全国总志。但一直没有修成，只修成两部全国性的专志。那就是洪武十七年（1384年）修成的《大明清类天文分野书》24卷和洪武二十七年（1394年）纂成的《寰宇通志》一卷。

明成祖朱棣夺取政权后，就有修纂全国性一统志的计划，早在永乐十年（1413年），就制订过编修一统志的《凡例》16则，但"未及成而中辍"。明英宗经土木堡之变，于景泰八年复辟，改元天顺。不久，他便命翰林院学士李贤修纂《大明一统志》。李贤，字原德，河南邓县人，官吏部尚书、兼翰林院学士。该志系在修纂近一个世纪的《寰宇通志》基础上增补、删并而成。全书共96卷。它以两京、十三布政司分区，以府州为单位，下设建置沿革、郡名、形胜、风俗、山川、土产、公署、学校、书院、宫室、关梁、寺观、祠庙、陵墓、古迹、名宦、流寓、人物、列女、仙释等20门，最后殿以"外夷"各国。此书初以天顺初年行政区划为准，但后人又增入嘉靖、隆庆及万历初年的事。其书仿《大元一统志》体例，而卷数还不及《大元一统志》的十分之一，作为全国性的总志，实过于简陋。但其门目设置，同《寰宇通志》相比，还是比较简明的。书中还配有地图，对了解明代政区概况，有一定参考价值。志中保存了不少明代第一手资料，可与《明史》相参证。但全书缺乏史裁与考证，讹误较多，后人多有责备。今仅有明万寿堂刻本传世。

（2）元明两代的志书

元代的志书。

为了纂修《大元一统志》，元帝及中书省屡次下令各地"遍行取勘"旧郡邑图志，上呈中央。实际上是对全国修志工作的大发动。因此，元代从中央到地方，都以积极态度从事修志工作，编出不少志书。但由于元代国祚短暂，修成的志书相对较少，加上元末及日后的战乱，元代的志书毁于兵火者不少。据张国淦《中国古方志考》著录，终元一代，约有志书 160 种。今仅存不足 20 种，其中还有辑佚本。不过，数量不多的元代方志，留给后人一个少而精的好印象。

元代的总志，还有《元混一方舆胜览》、朱思本的《九域志》等。元代还产生了行省一级的志书，只是未有通志之名，如《云南图志》、《甘肃图志》、《辽阳图志》、李京的《云南志略》、于钦的《齐乘》等。路、京、州、县志书，有《南雄路志》、《析津志典》、《长安志图》、《类编长安志》、《大德昌国州图志》、《延祐四明志》、《连江县志》、《旌德县志》等等。其中，由著名农学家王祯纂修的《旌德县志》，是他用自己创制的木活字印刷，只有 100 本。这是中国方志史上第一部以木活字印刷的地方志书。（张秀民《中国印刷术的发展及其影响》）

元代的方志有名者不少。

李京于大德五年（1301 年）任乌撒乌蒙宣慰副使，因办理军需，走遍云南，对云南的山川、地理、土产、风俗，"颇得其详"，纂辑《云南志略》4 卷。书中不仅记载山川、陬塞、人物、土产、风俗等内容，而且还总结了历史上治理云南的经验教训，指出云南的治乱，与将帅的才识、治术，乃至于品德息息相关。对于中央王朝治理云南，起到重要资政作用。但此书已亡佚，甚为可惜。

山东益都人于钦所撰的《齐乘》，于至正十一年（1351 年）由于潜刻印以传。《四库全书总目》称其书"叙述简核而淹贯，在元代地志中，最有古法。"齐为山东的古称，元代山东东西道宣抚司管辖益都、般阳、济南三路，相当于今山东省的大部分地区。该志以此为记述范围。全志 6 卷，卷首序、目录，卷一至卷六，分设沿革、分野、山川、郡邑、古迹、亭馆、风土、人物等八门，约 4 万余字。书中特别注重考证和广征博引。所引用的书多达 200 余部，并一一注明出处。对前人所载不盲从，多有纠谬证误。同时，记载详备，如对济南七十二名泉，志中一记其泉名、位置，成为后人所珍贵的资料。

冯福京修、郭荐纂《大德昌国州图志》7 卷。卷首有《环山图》、《环海图》、《普陀山图》，志分叙州、叙赋、叙山、叙水、叙物产、叙官、叙人、叙祠等 8门，门下各有子目。其书宏纲细目，条理清晰，叙事简明，堪称方志中善本。传世本中首卷之图已佚。

马泽修、袁桷纂《延祐四明志》20 卷，全书分 12 考，即沿革考、土风考、职官考、人物考、山川考、城邑考、河渠考、赋役考、学校考、祠祀考、释道、集古考。各考分析子目极详，总考州郡，分考各县，以考分门。《四库全书总目》称："志中考核精审，不支不滥，颇有良史之风。"而且辞尚体要。同时《延祐四明志》在体例上亦有所创新。自宋以来，明州已有《乾道四明图经》、《宝庆四明志》、《开庆四明续志》。《乾道四明图经》仅停留在图经体。而《宝庆四明志》郡、县分述，其体例介于图经与定型方志之间。《开庆四明续志》虽郡、县合述，属定型方志体例，但"山川疆域已详于旧志者，概未及之"，"名为舆图，实则家传"，并非著作之体。《延祐四明志》不拘旧例，以事类分门，每门之下，有的综述州郡，有的分述各县，避免了郡、县分述的门类重复之弊。但此书有"是非失实之憾"（全祖望语）。

俞希鲁《至顺镇江志》，对于财赋、物产，"胪列名状"，记载详悉。尤其书中所记元代的也里可温教传播情况，史料价值甚高，后来学者研究元代也里可温情况多有运用。

李好文纂《长安志图》分上中下三卷。上卷、中卷有图 19 幅、图志杂说 18 篇；下卷为泾渠图说序、泾渠总图、富平石川溉田图、泾渠图说、渠堰因革、洪堰制度、用水则例、设立屯田、建言利病、总论。可见重视国计民生，是此书的一大特点。

杨惠所纂《至正昆山志》共 6 卷，设风俗、山、坊、园亭、冢墓、古迹、名宦、封爵、进士、人物、释老、土贡、土产、杂记、异事、考辨等门。立目清简，是本志的特点。

陈大震纂《大德南海志》20 卷。虽名为《南海志》，实则为广州一路之志。现存六至十卷残本。《永乐大典》残本中，还发现了《大德南海志》关于广东对外贸易的记载，当时来华贸易国 124 个，进口商品 71 种，保存了元代广东对外贸易的史料，极其珍贵。

明代的志书。

终明一代，对于志书的编纂可谓高度重视。中央屡颁诏书，编订《凡例》，命儒臣分赴各布政司催促纂修通志，进呈采摭。各地设局修志，规模宏大。形成了"天下自国史外，郡邑莫不有志"的繁盛局面。明代修成的志书，数量浩繁，黄燕生估计，"终明一代，所修方志当在一千六百种以上。"（《中国地方志综览》）巴兆祥统计为 2892 种。（《明代方志纂修述略》）现存明代志书，庄威凤据《中国地方志联合目录》统计为 942 种。其后不少方志工作者又作了补正。

明代的志书，品类齐备，而且每类都不止三五种。

全国总志类，除了上述的几部官修志书外，还有沈一贯《皇明一统舆图广略志》15 卷、蔡汝南《舆地略》11 卷、吴龙《郡县地理沿革》15 卷、卢传印《职方考镜》6 卷、徐枢《寰宇分合志》8 卷、曹学佺《一统名胜志》198 卷、郑晓《皇明地理述》6 卷、陆应阳《广舆记》24 卷、陆化熙《目营小辑》4 卷、郭子章《郡县释名》26 卷等。

通志，即省志。明代最早的通志是《洪武云南志书》，成书于洪武十五年（1382 年）六月。各布政使司都有通志，如胡谧《成化陕西通志》、伍福《成化山西通志》、胡谧《成化河南总志》、周孟《弘治广西通志》、黄仲昭《弘治八闽通志》、熊相《正德四川总志》、陆钱《嘉靖山东通志》、薛应旗《嘉靖浙江通志》、周广《嘉靖江南通志》、张岳《嘉靖广东通志稿》、张道《嘉靖贵州通志》、徐学谟《万历湖广通志》、李元阳《万历云南通志》等等。此外，还有《洪武北平图经》、陈沂的《南畿志》等两京志书。云南、广西、贵州、四川、河南、陕西的通志，都纂修 5 次以上，可见通志纂修规模之盛大。

府、州、县志，更是数不胜数。其中，《正德松江府志》、《嘉靖宁波府志》、《万历绍兴府志》、《嘉兴府图记》、《襄阳郡志》、《沔阳志》、《姑苏志》、《隆庆丰演县志》、《隆庆乐清县志》、《嘉靖吴江县志》、《嘉靖仁和县志》、《万历龙游县志》等等都深受后人称赞。

乡镇志创始于宋代。明代江南地区由于经济发达，乡镇的繁荣，在不少人文荟萃的乡镇，先后纂修了一批乡镇志书。如陈霆《新市镇志》、董谷《澉水续志》、李乐《乌青续录》、周臣《大场志》、殷聘尹《外冈志》等。其中《外冈志》二卷 28 门，"俗蠹一门，列举当时打降、访行、讼师、窃盗等害民恶俗，均揭露无遗，尤为地方志之创格。"

明代的专志也编了不少。如记述山川的《五台山志》、《通惠河志》，记述寺观的《金陵梵刹志》、《武林梵刹志》，记述书院的《西湖书院志》、《武林书院志》，记述艺文的《全蜀艺文志》，记述灾害的《广豫章灾异记》，记述风景的《西湖游览志》等等。

由于特殊的需要，明代还产生了一些前代所无的志书。如：

边关志。明代边患不绝，北边设立九边重镇。为了及时了解边关虚实，由兵部官员或边镇长官纂修的，反映边关情况的志书，称为边关志。如尚书金献民属撰《九边图志》、毕恭修《辽东志》、郑汝璧纂《延绥镇志》、孙世芳纂《宣府镇志》、刘效祖修《四镇三关志》、詹荣纂《山海关志》等等。

卫所志。明代的军事机构，在京师设五军都督府，在地方设都司，下辖卫所。卫所志多由兵部官员和都司卫所的长官纂修。如张文光主修《正德金山卫志》及靖海卫所的《靖海卫志》、潼关卫的《潼关卫志》和《甘州卫志》、《洮州卫志》、《大田所志》等等。卫所志皆以记载兵事武备为主，兼及民事风土，与边关志基本相似。

土司志。在云、贵、川、湖广等地的一些少数民族地区，明承元制，实行土司制度。由土司主修的志书称土司志。如《腾冲司志》、《清平长官司志》、《平茶洞长官司志》等，均属此类志书。

明代的志书数量浩繁，后人因此评说亦多。清初学者王士禛认为，明代志书合于史法者，也不超过20种。而另一学者刘淇亦认为明时方志编得并不精到，多街谈巷议，泛泛空论。阮元更说，明代志书，"多炫异居功",甚至随意"经改妄删",不复讲"古法"。但实事求是而论,明代方志,虽优劣混杂,但其内容丰富、注重掌故,保存了许多有价值的地方史料。其中,收录了大量案牍文移资料、有关地方故实的时文碑记资料,记述当时弊政资料。同时,广载地方物产。对研究明代的政治、经济、文化、科技等许多领域都十分重要。

即以体例而论,明代志书亦有其长处。例如曾储所修《嘉靖沔阳志》,《续四库全书提要》就认为它详所当详,略所当略,纪表志传,分工明确,分条胪列,次序井然,体例颇为完备。与康海《武功县志》、王九思《户县志》并称为"海内三名志"。又如《隆丰润县志》,在地理志内立民业门,统属不尽合理,但在志书中设民业门,"以详人民生计,颇知侧重社会方面,最为可取"。(《续四库全书提要》)这是旧志中不多见的。《泗州志》设民累志,关心人民疾苦,亦是旧志中少见的。《正德琼台志》设罪放一门,以示贬讥。《万历河间府志》于人物志下,还设有豪侈、吝啬、俭壬、乱窃、嫉妒等门,与文学、清德、孝友等门并列、褒贬并施。这种因事立目,敢于创新的精神,也是很可取的。

自从宋代曹叔远《永嘉谱》设年谱,高似孙《剡录》设县纪年以来,明代志书中多设郡纪、县纪、总纪、纪事等,记载当地大事,逐渐演变为志书中的大事记。如《万历莱州府志》就设有大事记一门。

同时,明代志书把皇言、宸翰之类,仅置艺文志中其他文体之前，而未把它提到卷首，比日后清代志书的处理高明得多。

总之，明代方志有其不足，甚至弊端，但亦有不少长处，其价值还是主要的。

（3）志书凡例的统一与推行

杜预《春秋经传集解序》认为，所谓凡例是"发凡以言例"，即指一部著作的编写规则。后来把规定著作内容、编纂体例的文字说明称为凡例。

统一凡例的出现。

志书中何时有凡例，今仍不明。但至迟在宋代，一些志书已经有了凡例。但每部志书各自为例，全国性的统一凡例仍未出现。

元代纂修《一统志》，深感若无统一凡例，很难统一全书的内容与体例。因此，他们制订了《大一统志凡例》，这在元《秘书监志》卷四《纂修》中有载。书中记录元贞二年（1296 年）十一月八日，著作郎呈粘连到《大一统志凡例》：

——某路

所辖几州　　开

本路新管几县　　开

——建置沿革

《禹贡》州域

天象分野

历代废置

周　秦　汉　后汉　　晋　南北朝

隋　五代　宋　金　大元

——各州县建置沿革　　依上开

——本路亲管坊郭乡镇　　依上开

——本路至上都大都并里至

——各县至上都大都并里至

——名山大川

——土产

——风俗形胜

——古迹

——寺观祠庙

——宦迹

——人物

《一统志》的纂修，需向全国征集资料，为了所征集的资料适用，中书省于至元二十二年（1285 年）下令遍行取勘各省"开坐沿革等事"。所谓"开坐沿革等事"与《大一统志凡例》中的"开"、"依上开"等，都是要求各省逐一开列具体内容。可以说，《大一统志凡例》，既是统一全书体例的规范，又是向各省征集资料的提纲。它对各行省的志书肯定会有巨大影响。例如《云南图志》，因为符合《凡例》而受到著作郎的称赞。不过《大一统志凡例》对各地志书的修纂并无约束力，只不过是统一的调查提纲，因此，还不是全国必须遵行的志书的统一凡例。真正的全国统一修志凡例的出现应不早于明代。

明成祖永乐十年（1412 年）、永乐十六年（1418 年），先后两次向全国颁降统一的修志凡例。

永乐十年颁降《修志凡例》16 则，规定志书内容应包括建置沿革、分野、疆域、城池、里至、山川、坊郭、乡镇、土产、贡赋、风俗、形势、户口、学校、军卫、廨舍、寺观、祠庙、桥梁、宦绩、人物、仙释、杂志、诗文待 24 门。

永乐十六年，又颁降《纂修志书凡例》21 则，共 28 门。有建置沿革、分野、疆域、城池、山川、坊郭镇市、土产、贡赋、田地、税粮、课程、税钞、风俗、户口、学校、军卫、郡县廨舍、寺观、祠庙、桥梁、古迹、宦迹、人物、仙释、杂志、诗文等项。而且每门均详细规定了收录内容的范围。

永乐年间所颁行的上述两篇《凡例》，是迄今所知，封建王朝最早制定的全国修志统一凡例，其中，对志书的内容、体例，都作了统一规定。统一凡例的出现，标志着方志编纂进入了新阶段，在我国方志史上具有开创意义。由于这两篇凡例，属钦定的科条，各地志书无不遵从。

由于各省、县、地的具体情况不同，为了编出更符合地情的方志，在全国统一凡例的框架下，有的省也颁《凡例》，以统一省内志书的内容和体例。例如，湖广布政司左参政丁明曾在嘉靖年间颁布《修志凡例》，除规定志书所应包括内容外，还规定了各类目的具体编纂方法。在朝廷和布政司的影响下，不少府州县也制定了当地编志的凡例。这点在明中期以后更为普遍。如《正德新城县志》、《嘉靖武宁县志》、《万历应天府志》、《崇祯乌程县志》等等。由于凡例的普遍制订，对保证志书更符合地情，适应国情，质量稳定，起到了促进作用。

体例的稳定与创新。

宋代定型的方志体例，在元明时期基本得到稳定。这主要表现在两个方面。

第一，不少志书直接继承宋代志书的体例。由于方志体例在宋代刚刚定型，又适合反映地方特点，因此，元明时期的一些志书便继承了宋代的体例，在一般情况下，只是增减内容，而不变换固有的行之得当的体例。例如，元代张铉纂《至正金陵志》时，就是"略依景定辛酉周应合所修凡例"。也就是说，遵循南宋周应合《景定建康志》的凡例，采用纪传体。又如元代俞希鲁纂《至顺镇江志》，其体例亦大体取法于宋代史弥坚修、卢宪纂的《嘉定镇江志》。明代谢铎纂《赤城新志》，也是因循宋代陈耆卿志书的体例。在同一地区内，宋代产生的名志佳作，都是元明志书模仿的对象，因袭宋代志书体例的情况十分明显。

不仅地区性志书，就是全国总志，也有因袭宋代或明沿元代旧例的。例如，明景泰中所修《寰宇通志》，"采事凡例，一准祝穆《方舆胜览》。"虽然叶盛认为《方舆胜览》是"赵宋偏安之物，不可为法。"但主修陈循"执议不从"，一定要效法祝穆之书。《大明一统志》的体例亦是仿《大元一统志》之法纂修的，连书名也加以效法。

第二，明代志书多遵循全国统一凡例。永乐年间两次颁降《凡例》，当时及以后一段时间内，各地修志，大多遵从朝廷《凡例》，采用平列门类的体例，只是具体门类或多或少，如《永乐乐清县志》、《正统嘉鱼县志》、《正统和州府志》均是如此。

天顺年间，《大明一统志》颁降之后，各地志书多遵从《一统志》凡例。例如嘉靖年间，武康知县易纲，就"仿《一统志凡例》"，撰成《武康县志》。《嘉靖武宁县志》亦是仿《大明一统志》例而作。《嘉靖江西通志》的"纲领悉遵《大明一统志》例，但记载稍加详焉。"如此等等不胜枚举。

天顺年间志书和天顺以后的部分志书，主要采用《一统志》平列门类的体例。在天顺以后的志书，"其书体例，大抵仿之《一统志》。"但在具体编纂中又稍加变通，形成以大类为纲，以细类为目的纲目体体式。可以说，纲目体的志书由于发展迅速，成为天顺以后志书的主要形式。例如，《嘉靖藁城县志》以天文志、地理志、赋役志、宫室志、群祀志、储恤志、古迹志、秩官志、选举志、恩例志、人物志、祥异志、文集志等13志为纲，下辖54目。《嘉靖永嘉县志》、《万历望江县志》、《万历宁津县志》、《万历河间府志》、《万历太和县志》等，均为纲目体。

在明代纪传体志书也日渐发达。例如，《万历沛志》就设邑纪、沿革表、封爵表、职官表、人物表、舆地志、建置志、赋役志、秩祀志、学校志、古迹志、漕政志、艺文志、宦迹传、人物传、儒林传、孝义传、贞节传、侨寓传、方伎传、仙释传、佞幸传、外志、杂志、订讹。全志纪表志传一应俱全。《嘉靖沔阳志》也是如此。

平例体、纲目体、纪传体三种体例，占明代志书中的绝大部分。这些宋代已有的定型方志主要形式，在元明两代又得到巩固和发展。

统一凡例的制定，使明代志书更加规范化，加强了趋同性。但亦有不顾地情，硬性套用《凡例》的情况。然而，有些志书，力图在体例上更适应地方情况，因而有所创新。

为了改变内容庞杂、门类繁多的积弊，一种新体志书——简体志书应运而生。如《正德朝邑志》上下两卷，全书不足万字。《正德武功县志》3卷7篇，全志仅两万字左右。这两部简志是明时简志的代表作。其余《武功县志》、《嘉兴府图记》也属于此类志书。但简志由于内容过简，难以起到存史作用，多受后来志家的批评。

另外，明代还有以孟子所说"诸侯之宝有三，土地、人民、政事"为据的"三宝体"志书。如唐枢《嘉靖湖州府志》分土地、人民、政事三门，每门各缀以子目，即为三宝体。

明代还出现了一些不伦不类、刻意求异的志书，即所谓"拟经体"。如颜木《正德隋志》，上卷编年纪事，下卷全录诗文。其中，"编年之例，全仿《春秋》经文，称隋为我。而以地之沿革、官之迁除、士之中乡会试贡大学者，按年纪载，皆地志未有之例"（《四库全书总目》卷七十三）。徐士元《嘉靖滦志》，共分世编、疆里、壤则、建置4篇。其中，世编采用编年体，仿《春秋公羊传》的体例，自问自答，怪妄不值一笑。

（4）明代的几部方志

嘉靖《江西通志》。

现存的 39 种明代省志中，由林庭㭊修、周广纂的嘉靖《江西通志》，是十分有特色的一种。林庭㭊，字利瞻，福州人，累官工部尚书。周广，字充之，昆山人，官至南京刑部右侍郎。全书共 37 卷：卷一至卷三为藩省志，立 13 目，即建置沿革、形胜、城池、户口、田赋、藩封、兵政、公署、贡院、祠庙、秩官、名宦、奸宄。卷四至卷三十七为诸府州县志，立 30 目，即在藩省各目之外，另增郡名、山川、风俗、恤典、学校、宫室、土产、驿邮、关梁、祥异、陵墓、古迹、科目、人物、列女等目。全志有如下一些特点：一、仿正史奸臣、酷吏列传之例，首创"奸宄"一门，记载一方之劣迹恶行之人，以作后人之戒。开创了方志有褒有贬、善恶必书的好风气。二、不设艺文目，按碑文内容各入其类，增强了志书的实用性。三、人物不分类，而以年代先后为序，创造了一种新的人物排列法。

《滇略》。

《滇略》即云南志，由福建长乐人谢肇淛所撰。谢肇淛，字在杭，一生著作甚丰。全书共 10 卷：一、版略，记疆域沿革；二、胜略，记山川名胜；三、产略，记物产；四、俗略，记民情风俗；五、绩略，记名宦；六、献略，记乡贤；七、事略，记历史；八、文略，记艺文；九、夷略，记少数民族；十、杂略，记琐闻杂谈。此志颇有特色。每略冠以小序述其大要。书中以十分之一的篇幅记云南琐谈遗闻。所记多饶有兴味，寓意深长，引人入胜。

《武功县志》。

正德《武功县志》的撰者是康海。康海，字德涵，号对山，武功人，弘治壬戌进士第一，授翰林院修撰。全志 3 卷，分为 7 志：地理志、建置志、祠祀志、田赋志、官师志、人物志、选举志。地理志包括山川、城郭、古迹、宅墓等内容；建置志则总从官署、学校、津梁、市集；祠庙、寺观则归入祠祀志；户口、物产则附以田赋志；艺文内容则用《吴郡志》例，散附各目之下；官师志中并著善思。难能可贵的是，志中，列唐高祖、唐太宗于人物志，载后妃于列女篇，颇有敢于轻君的意味。书中既有褒也有贬，以总结官吏政绩得失的经验教训。体现了"实录直书"的品格。但此志过于简略，受到后来学者的批评。

嘉靖《兰阳县志》。

《兰阳县志》由李希程于嘉靖二十四年（1545 年）编撰。此志有几个特点：一、结构严谨。全志 10 卷，采用纲目体，分地理、田赋、建置、署制、学校、官师、选举、人物、遗迹、文词等 10 志。10 志之下，分设 112 个细目，各标其目名。层次分明，安排得当。二、编例缜密。《凡例》17 则，针对性强。如规定"人必书名，虽尊者、亲者不讳，示其永传，后有所考"，改变了志书不直书人名，仅称字、号的风习。又规定所记史实，必标明出某书、出某人。其自撰则言明"新增"，以示有所征信。三、善于叙论。志书每目之前有"叙"，以提纲挈领。部分细目之后设有"附录，以为撰者的感叹。

《寿宁待志》。

《寿宁待志》由著名戏曲家冯梦龙编撰。冯梦龙，字犹龙，吴县人。崇祯七年（1634年）任寿宁知县，历时10年修成这部县志。之所以名为"待志"，是作者谦逊之意，认为此志尚有不足，以待后人补充完善。全志二卷，设疆域、城隍、县治、学宫、香火、土田、户口、升科、赋税、恩典、积贮、兵壮、铺递、狱讼、盐法、物产、风俗、岁时、里役、都图、官司、贡举、坊表、劝诫、佛宇、祥瑞、灾异、虎暴等28目。书中最大特点是摒弃了以往志书阿谀奉迎、粉饰太平的恶习，实事求是地反映了民间疾苦。对于寿宁文化的落后面，书中也不隐讳，在"风俗"中予以披露。如说"学校虽设，读书者少。自设县至今，科第斩然。经书而外，典籍寥寥，书贾亦绝无至者。"《寿宁待志》由作者运用第一人称写成，这在我国方志史上绝无仅有。原刻本现藏于日本国会图书馆。国内仅有中国科学院图书馆复制的胶卷和福建人民出版社出版的铅印本。

 7 清代方志的鼎盛

清朝统治者为了长治久安，江山永固，继承了先祖努尔哈赤、皇太极的传统，特别注重对汉文化的学习和汲取。而前代行之有效，具有"资治、存史、教化"功能的方志编修工作，也因此为朝廷所重视。

正是由于统治者的对修志的重视，随着清代前期经济、文化的繁荣和发展，从中央到地方建立起一整套行之有效的修志制度。推动了修志工作的空前发展。清代，不但方志数量浩繁，品类齐备，而且还涌现出一大批内容充实、体例得当、史料价值颇高的名志佳作。其硕果之丰，远超前代，后人多把清代视为中华方志史上的鼎盛时期。

清代志书共修几何？至今仍未能下最后的断语。《清史稿·艺文志》著录为 824 种，《清史稿·艺文志补编》，又补充著录 2159 种，共计 2983 种。而今人庄威凤认为，现存的清代志书多达 4889 种，这还未把乡土志、里镇志等统计在内，亡佚的志书也未计在内。（《中国地方志联合目录的特点及存在问题》附表二，《中国地方志通讯》1984 年第 2 期）目前，学者们普遍认为，清代所修的志书在 6000 种以上。其数量之巨，是以往任何朝代都不能比拟的。

（1）三修《一统志》

为了纂修《一统志》，从清代初年起便着手进行准备。康熙十一年（1672 年），保和殿大学士卫周祚进奏各省宜修通志，内容包括有天下山川形势、户口丁徭、地亩钱粮、风俗人物、疆域险要等等。然后上呈中央，以便《一统志》的编纂。康熙采纳了这个建议。同时，将顺治十八年（1661 年）河南巡抚贾汉复主修的《河南通志》颁著天下为样式。康熙二十二年（1683 年），礼部奉旨檄催天下，各省通志限定三月成书。二十九年（1690 年），河南巡抚通令所属府州县纂辑志书，其下达的修志"牌照"，列具《凡例》23

条，于时代断限、材料取舍、文字详略、史实考订，叙事先后，乃至地图绘制均有详细规定。在大规模的修志工作中，这种"牌照"的下达，对体例的划一，减少粗制滥造，无疑有一定的规范作用。

雍正六年（1728年）十一月二十八日上谕，针对修志当中出现的问题，对各省志书采录人物事迹，提出明确要求。希望各省对采录人物的事迹务必"详细查核，无阙无滥"，"慎重采录，至公至当"。为了不草率从事，命各省督抚，将本省通志重加修辑，"以成完善之书。"并把期限放宽至二三年。第二年，又规定各州县志书每60年一修。由于雍正帝的严令，各省疆吏均谨遵其命。今天我们所知的李卫等监修的《畿辅通志》、鄂尔泰等监修的《贵州通志》等60种，都是在这一时期完成的。其中，成书最快的是《广东通志》，雍正九年（1731年）；最迟的是《贵州通志》，直至乾隆六年（1741年）始完成。

现存的清代通志，有畿辅（今河北）、盛京（今辽宁）、吉林、河南、山西、山东、江南、浙江、江西、湖北、湖南、四川、云南、贵州、福建、广东、广西、陕西、甘肃、新疆等数十种。其中，嘉道间的谢启昆广西志和阮元浙江志、广东志，久为学术界所推许。同光间的畿辅李志、山西曾志，都是继谢、阮之书而作，唯有宣统新疆袁志，前无所承，多有新创。

在各省编纂通志的基础上，清朝又完成了全国的《一统志》。清代曾修纂三次《大清一统志》。

第一次，从康熙二十五年（1636年）始，至乾隆八年（1743年）成书，由徐乾学主修。徐乾学，字原一，号健庵，江南昆山人，官刑部尚书，精儒学，善于训诂与考据。奉命修一统志后，新自制订方案，并撰《凡例》21条，详细说明每一门目的根据和写作要求。参加修纂的均为硕学名儒，如陈廷敬、方苞、万斯同、阎若璩、顾祖禹、胡渭等。雍正十一年（1733年），方苞任总裁后，规定所有书稿必须进行三校，由他负责终校。因而此志较为精审。全书共342卷。《四库全书总目提要》说，康熙至乾隆年间的《一统志》，"每省皆先立统部，冠以图表。首分野，次建置沿革，次形势，次职官，次户口，次田赋，次名宦，皆统括一省者也。其诸府及直隶州，又各立一表，所属诸县系焉。皆首分野，次建置沿革、次风俗、次城池、次学校、次户口、次田赋、次山川、次古迹、次关隘、次津梁、次堤堰、次陵墓、次寺观、次名宦，次人物、次流寓、次列女、次仙释、次土产，各21门。而外藩及朝贡诸国别附录焉。"

　　第二次修纂，始于乾隆二十九年（1764年），成书于乾隆四十九年（1784年），424卷（并子卷共计500卷）。由文华殿大学士和珅主修。和珅，字致斋，满洲正红旗人，累官户部尚书。由于乾隆二十年（1755年）平定伊犁，拓地二万余里，其后，西域回部、滇南诸土目相继内附，版图有所扩展，所以二修《一统志》记述地区相应增加。但其结构、门目与一修时相比，并无改变。然而，由于修纂匆忙粗疏，有的门类"未曾析载"，有的内容"悉仍前志"，"考稽失实"，"挂漏冗复"的现象仍有存在。此本收入《四库全书》。

第三次修纂，成书于道光二十二年（1842 年）。这次重修，始于嘉庆十六年（1811 年），所纂资料又以嘉庆二十五年（1820 年）为断，故通名《嘉庆重修一统志》。全书共 560 卷，由穆彰阿、李佐贤、潘锡恩等主持。穆彰阿为国史馆总裁。他在道光年间任军机大臣 20 余年，结党营私、民愤甚大。鸦片战争期间诬害抗英民族英雄林则徐、邓廷桢，道光死后即被革职，永不叙用。由于三修《一统志》原有基础较好，加上各省统部又都有提调官、总纂官和校对官主其事，所以是三部《一统志》中质量最好的一部。由于质量高，《嘉庆重修一统志》问世后，很快取代了前两部《一统志》，流传最广，影响最大。

《嘉庆重修一统志》的体例编次，于京师后，次直隶、次盛京、次江苏、安徽、山西、山东、河南、陕西、甘肃、浙江、江西、湖北、湖南、四川、福建、广东、广西、云南、贵州、新疆、乌里雅苏台、蒙古等 22 统部，次青海、西藏等地，终于朝贡各国。同时，每统部先有全图，继以统部表、总叙，再以府州分卷。分卷之内，首为图、表，然后分设疆域、分野、建置沿革、形势、风俗、城池、学校、户口、田赋、山川、古迹、关隘、津梁、堤堰、陵墓、祠庙、寺观、名宦、人物、流寓、列女、仙释、土产等 23 目。可见，其各府厅、直隶州之分目，比《明一统志》更为详细。由于受乾嘉学风的影响，是书既能广搜博采，更能考订征实，立论极为严谨。对于前人的异说、误说，多能辨明纠谬。问世之后深受学术界重视，堪称地方总志的典范。

（2）学者参与修志活动

学者参与修志历代不乏其人，但从数量、规模而言，要数清代最盛。清代学者修志风气的形成，与清代统治者推行封建的文化专制政策，大兴文字狱有关。当时，文人学者为躲避文网，不敢轻易作野史，于是便埋头于经史考证之中。不能进入史馆的多数学者，转而希望在修志事业中施展才华。

清代不少学者直接参与了修志工作，如黄宗羲预修《浙江通志》，顾炎武预修《邹平县志》，章学诚撰《和州志》、《永清县志》、《亳州志》，洪亮吉撰《淳化志》、《长武志》，孙星衍撰《邠州志》、《三水志》，段玉裁撰《富顺县志》，李兆洛撰《凤台县志》，陆稼书撰《灵寿县志》，戴东原撰《汾州府志》、《汾阳县志》，杭世骏撰《西宁府志》、《乌程县志》、《昌化县志》、《平阳县志》，姚鼐撰《庐州府志》、《江宁府志》、《六安州志》，俞正燮撰《湖广通志》，李慈铭撰《绍兴府志》、《会稽新志》，缪荃孙撰《顺天府志》、《荆州府志》、《昌平县志》等。以上诸志皆出诸一代学者之手，体例严谨，叙事翔实，斐然可列著述之林。

清代，官修方志大都出于俗吏之手，内容一般比较粗略。有些地方官，自己虽然学识浅薄，但以开局修志为"斯文重任"，也必定要挂上"主修"的名号，而网罗学识宏富的学者为之纂辑。乾嘉时期的许多知名学者，就是在这种情况下参与修志工作的。这些学者，把个人的学术研究融汇于修志之中，不少人把修志视为著述大业，讲求体例方法，注重史料考订，从而丰富了方志的内容，提高了方志的学术价值。

学者参与纂修的志书，毕竟数量有限，但因学者的威望高，影响大，一部志书问世，往往各地争相仿效。例如，谢启昆纂成《嘉庆广西通志》后，阮元为了找寻编修《广东通志》的范本，"遍选各志书"，最后认定了谢氏的《广西通志》为最佳本，"仿其体例"。后来，广东的省、府、州、县志书亦多以阮志为范。这样辗转影响，促使大批志书的质量普遍得以提高，推动了修志事业的发展，而在清代参与官修或私撰方志的学者中，由于学术见解的不同，形成了不同流派的志书。

其一，纂辑派志书。纂辑派，也称旧派。其重点在于"纂"，即将各种资料，经过整理筛选、分门别类地予以排列，作者自己并不撰写，只在原有材料的基础上简单加工。虽也有人主张对原有资料"不易一字"，但事实上很难办到。其宗旨是"述而不作"。朱士嘉先生在《谈谈地方志中的几个问题》一文中，概括了这一流派志书的几个特点：

1. 无一语不出于人。

2. 体例一本康熙《河南通志》、康熙《陕西通志》和雍正《浙江通志》。

3. 搜集资料大致按《日下旧闻》体裁进行排比，注明出处，显示"述而不作"的宗旨。

4. 全书出自众人之手。

这一流派的志书，其代表作有李文藻纂《乾隆历城县志》，洪亮吉、孙星衍合纂《乾隆澄城县志》，陈诗纂《嘉庆湖北通志》，郑珍、莫友芝合纂《道光遵义府志》等。

纂辑派志书，有既能保存资料原貌，又省时省力，成书较快的优点。又因它采用条目式结构，便于检索，比较受运用者欢迎。清代志书中，这一流派占绝大多数。但它也有致命弱点，这就是卷帙浩繁，有用的资料常被大量无用的资料所淹没。

其二，撰著派志书。撰者派，也称新派。这一派志书，在宋代已有萌芽。其重点在于"撰"，即依据搜集到的资料，由作者自己撰写，而成一家之言。语言文字基本出于作者个人，每个条目一气呵成，中间不旁征博引史料，通常也不注明出处。朱士嘉先生在《谈谈地方志中的几个问题》一文中，也从如下几方面概括出这一流派志书的特点：

1. 无一语不出于已。

2. 体例一本《史记》、《汉书》，按纪传体纂修，分图、记、表、志、传五类。

3. 对资料进行分析，锤炼成文，系统地重点地反映事物发展的情况。

4. 全书由一人独撰。

这一流派的杰出代表，应推方志学家章学诚。他所主纂的志书都是这一流派的代表作。在清代"同（治）、光（绪）之时，正新派炽盛之日。"鲁一同、黄彭年等是晚清时期的代表人物。鲁一同的《咸丰邳州志》、黄彭年的《重修湖北通志》均是这一时期的代表作。

撰著派志书，体裁完备，结构严谨，文字凝练，便于反映事物的发展规律及作者的思想观点。但是，它要求纂修者具有较高的学术修养，较强的剪裁熔铸能力，以及熟练的文字技巧。不然的话，纂修起来会有很多困难，甚至可能漏洞百出。

到了清朝末年，刘光谟撰《射洪县修志议》、《县志分篇议》，以及《答罗希堂先生论志书》等方志学专文，即主张兼取新、旧两派之长。事实上有些志书已经这样做了，只是名著不多。

由于学者参与修志，对编纂方法也更为讲究。首先是分工明确，各负专责，因此不仅成书快，而且质量也高。例如章镳、章学诚父子受聘纂《天门县志》即是如此。第二，修撰时，先述旧志，然后增删。陈澧在《肇庆府修志章程》中明确提出，依据旧志先编底本，再分类补充材料为长编，最后进行删正。孙诒让在《瑞安县志局总例六条》提出需先审定旧志义例门目，再以旧籍考校补充，最后逐类增续采访事例。第三，各有所长的采访方法。例如陈澧，他把采访之人员集中进行训练，组织他们学习阮元《广东通志》，然后带着采访提纲，分散各地调查。孙诒让则把采访人员分为"分访"与"专访"两类。前者由一般乡绅负责，后者由学有专长的人担任。他们各司其职，既能全面搜罗，又能深入寻索。这样保证了志书对现实资料的必需。第四，注重志稿的抄写与校对，保证不出、少出差错。

除了参与修志外，对于古地志的辑佚方面，清代学者也贡献不小。

由于宋以前方志，至清时已十不存一，因此，一些学者把唐宋类书或其他史志所征引的古地志资料辑录出来，汇为一书，这就为后人带来了极大方便。清代辑录古方志的重要成果有：王谟的《汉唐地理书钞》，该书收汉唐地志 50 种；马国翰《玉函山房辑佚书》和王仁俊的《玉函山房辑佚书补编》，收唐以前方志约 60 种；陈运溶的《麓山精舍丛书》，收宋以前方志 75 种（所辑以湖南地区为限）。其他还有毕沅辑《晋书地道记》、《太康三年地志》、孙诒让辑《永嘉郡记》、张澍辑《三秦记》、《凉州记》等。

（3）修志广泛体式多样

清代修志的面相当广泛，上自全国的一统志和各省通志，下至府州县镇乡，旁及土司卫所等，无不有志。其次，还出现了不少山川志、风物志、寺庙志、书院志等志书。前代所有的志书品种，清代已具备。前代所没有的乡土志，也于清代创造出来。清代的志书，其数量、品种之多，范围之广，可谓盛况空前。不少省、府、州、县志，都曾一再续修，如《山东通志》曾 4 修，《掖县志》曾 7 修，在政治，经济及文化发达的地区，续修志书尤其频繁。由于不少村镇乡里也编有志书，因而清代也出现了一批著名的乡镇志。如安徽池州的《杏花村志》、浙江吴兴的《双林镇志》、天津的《杨柳青小志》、山东阳谷的《张秋镇志》等。值得提出的是，现存的十多种台湾府厅县志都是清代纂修的。这些志书，保存了大量台湾历史资料。

除了官修志书外，清代私家撰著的各类方志、专志和别志，也颇为可观。梁启超在《清代学者整理旧学之总成绩·方志学》中，把这类著作按其内容分为7类：一、纯属方志体例而避其名者。如师范的《滇系》、刘端临的《扬州图经》、刘楚祯的《宝应图经》、许实华的《海州文献录》等。二、专记一地方重要史迹者。多采用编年体例，如汪容甫的《广陵通典》、董觉轩的《明州系年要录》。亦有纪事本末，如冯蒿庵的《滇考》。三、专记人物者。如潘力田的《松陵文献》、刘伯山的《大清畿辅先哲传》等。四、专记风俗轶闻者。如屈翁山的《广东新语》、田纶霞的《黔书》、吴挚甫的《深州风土记》等。五、原为全志之一组成部分而独立成篇者。如全谢山的《四明族望表》、孙仲容的《温州经籍志》、刘孟瞻的《扬州水道记》、林月亭的《两粤水经注》、陈静庵的《补湖州府天文志》等。六、有参与志局事（工作）而不能行其志，因自出所见、私写定以别传者。如焦里堂的《邗记》、吴山夫的《山阳志遗》等。七、有于一州县内析其一局部之地作专志者。如张炎贞的《来青文献》、焦里堂的《北湖小记》。其他还有各名城志、名山志等。

所谓体式，即体例样式，是指一部志书的结构格局。前代志书的体式，清代均有，而且还有前朝未出

123

现过的三书体如章节体。

其一，平列体。北宋朱长文的《吴郡图经续记》，就已开始采用这种体式。到了清代，贾汉复修《顺治河南通志》，即采用这种诸多类目并列平行而互不统摄的结构方式。后来，朝廷颁布诏令，以贾汉复《顺治河南通志》、《康熙陕西通志》为准，因而清代志书多采用这种体例。

其二，纲目体。纲目体也称门目体。是指全书先立若干大纲，每纲之下再分诸多细目，以纲统目的结构方式。南宋《嘉定赤城志》已采用了这种体式，元明以来仿效者颇多。清代崔启元撰《康熙文安县志》，分方舆、建置、贡赋、秩官、选举、人物、艺文等7门，每门之下又分若干目。如贡赋门即分户口、田赋、盐政、物产等4目，即属这种体式。高拱乾《康熙台湾府志》、钱霞《康熙冠县志》、杨应琚《乾隆西宁府新志》、林安鼎《乾隆福清县志》等，也都采用这种体式。前述《大清一统志》亦采用纲目体，但更为复杂，是双重纲目结构。

其三，纪传体。纪传体，是指仿纪传体史书结构，以纪、志、表、传，杂以考、录、谱、略等体裁分部类，其下又设子目的结构方式。这种体式，南宋周应合《景定建康志》已较早运用。其后各代逐渐增多运用。清时，唐开陶《康熙上元县志》、袁枚《乾隆江宁新江》、洪亮吉《乾隆登封县志》、孙星衍《乾隆偃师县志》等，都属这种体式。这类体式的志书在清代影响较大者，要数谢启昆的《嘉庆广西通志》。其体例之精审，结构之严密，远超前代志书。《嘉庆浙江通志》、《道光广东通志》、《道光云南通志》，及一些府、县志书，都仿《嘉庆广西通志》的体式，而略加变通，形成一种风气。

其四，编年体。编年体，是指总体上不分门类，仅以时间为序的结构方式。明代陈士元《滦志》已首先使用，清代也有仿效的，但数量甚少。赵弼修、卜三畏增修《康熙平乡县志》即用其法。这种体式，终因不便反映一方复杂的事物，而不受编志者所欢迎。

其五，三书体。三书体，是章学诚新创的一种体式。这种体式把志书分为志、掌故、文征三部分。志是三书中著述部分，包括纪、谱、考、传部部分。掌故，为资料部分，包括吏、户、礼、兵、刑、工6个部分。文征，是一方文献专集，也属于资料部分。章氏所纂《乾隆永清县志》、《乾隆亳州志》及未能成书的《乾隆湖北通志》都属于这种体式。由于三书体编纂难度较大，后日仿效者不多。《嘉庆清平县志》、《光绪利津县志》等志书虽曾仿效，但并未得章氏之全法。

其六，三宝体。三宝体，是指志书总体上分为土地、人民、政事3门的结构类型。宋代曹叔远《永嘉谱》已首创这种体式的先例。清代《康熙密云县志》，分天文、地理、人事3门，《乾隆河间府志》分舆地、宦政、人物、典文4门，《光绪保安州志》分天、地、人、物四部，均属于三书体。这类志书在清代也不多见。

其七，章节体。章节体，是清末以来史书的编写体例。它打乱了纪传体史书的结构格局，将重要史事分别列目，独立成篇，各篇按一定顺序排列。篇下分章，章下分节。《光绪莲花厅志稿》共 10 卷 57 章，约 30 余万字，应是现知较早的章节体志书。

（4）"文字狱"与方志

清代的确是方志的鼎盛时期，但由于朝廷的文化专制政策，特别是康、雍、乾时期的文字狱，对方志起到了严重的破坏作用。乾隆三十六年（1765 年），命令严禁私修志书。不但如此，还命各省，由地方官对已有志书辩论考核，不合者删除直至禁毁。地方官若要重修志书，事前要详细申报。修志者稍有不慎，便会招至杀身之祸。如乾隆时的叶廷推《海澄县志》案、高治清《沧浪乡志》案，都被指责为"词语狂悖"，作者亦因此受迫害。

康熙初年，由于方起明"私史之狱"，凡涉及明朝事情的，都"争相焚弃"。幸存的方志也遭当局随意删削和篡改，致使内容支离破碎，继续不接。乾隆时大量明代方志被焚毁。在这以前，私家被迫销毁的志书也不计其数。这也是今存明代志书不多的原因之一。

（5）清代几种方志略述

嘉庆《广西通志》。

嘉庆《广西通志》，谢启昆修、胡虔纂。谢启昆，字蕴山，江西南康人。嘉庆四年（1799 年）任广西巡抚后，次年即开馆倡修通志，且亲自参加其中工作，撰写《叙例》，确定篇目。胡虔亦做到鼎力相助。故此，仅用两年多的时间就完成了这部 280 卷的《广西通志》。全志结构为训典、表、略、录、传 5 部分。其中，卷一至二为训典；卷三至卷七十九为表，包括郡县沿革、职官、选举、封建诸表；卷八十至二百四十为略，包括舆地、山川、关隘、建置、经政、前事、艺文、金石、胜迹等略；卷二百四十一至二百五十五为录，包括宦迹录、谪宦录两录；卷二百五十六至二百七十九为列传。

嘉庆《广西通志》层次分明，布局合理，归属得当，编次有法，内容广泛，资料丰富，而且都注明出处，足以征信。"艺文略"仿《汉书·艺文志》，只收著作书目及序跋，而不载诗文。有关广西的诗文，则分系于各目有关条目下，并用小字双行书写。

此志书刊布后，学者评价不错，阮元主修《广东通志》便以此志为法。梁启超更认为嘉庆《广西通志》"其价值与章氏鄂志等，且未经点污，较鄂志更为完好。"

道光《遵义府志》。

道光《遵义府志》，郑珍、莫友芝合纂。郑珍，字子尹，贵州遵义人，精于经学、小学。莫友芝，字子思，号郘亭，贵州独山人，精于名物训诂、目录版本。郑、莫二人被人称为"黔中二杰"。全志共 48 卷。

道光《遵义府志》有 3 个特点：一、与当时贵州的几部府志不同，均不载康、雍、乾、咸等皇帝有关贵州的"宸章"，敢于轻君。二、学风严谨，二人以治经之法治史，潜心考据，征引书籍多达 400 余种，并以金石文字"证史传之讹谬，补前载之不备"，志中一事一文必有所据，绝无妄臆之说。三、关心民生。志中有关民生的内容既多且详。如卷十六农桑目，详载农宜、农事、农具、气候。在介绍遵义山蚕时，又分树名、茧名、蚕事、织事、蚕具、种槲6个子目。记述正安家蚕时，亦分蚕事、蚕忌、蚕具、载桑4个子目。如此详尽总结农桑经验，不仅为贵州方志所没有，在现存数千种方志中，也是不多见的。志书刊行后，受到众人称赞，梁启超誉之为"府志中第一"。

同治《湖州府志》。

同治《湖州府志》由宗源瀚等修，陆心源等纂。但是始终任编纂的，实际上只有并无功名的布衣丁贤书一人。全志共96卷，仿谢启昆《广西编志》例，分图、表、略、录、传5部分。卷一为舆图；卷二至十六为表，包括天文、建置、疆域、职官、帝王、后妃、列爵、选举、封荫诸表；卷十七至六十一为略，包括舆地、记政、前事、金石、艺文等略；卷六十二至六十三为录，即名宦录；卷六十四至九十为人物传，包括列传、政绩、文学、孝义、殉节、隐逸、武功、艺术、列女、寓贤；卷九十一为方外传；卷九十二至九十六为缘起、杂缀、辩证。全书规模庞大，而且有创新。例如，"天文表"首先摒弃了千百年一直沿用的，天地对应说——"分野"说，采用科学仪器测量，载明湖州府城的天极高度（即纬度）为30度50分，以及与京师、杭州的经纬度差距，并测出所属长兴等5县的纬度，与现今测量的情况基本上吻合。此外，金石、艺文二略，搜存考佚，穷源溯流，于旧志增数倍，受到后人好评。

光绪《顺天府志》。

光绪《顺天府志》由张之洞、缪荃孙纂。张之洞，清末洋务派首领，直隶南皮人。缪荃孙，号艺风，江苏江阴人，金石学家，校勘家。光绪五年（1879年），张、缪受直隶总督李鸿章与顺天府知府周家楣之聘，编修了这部志书。全志130卷，分10纲84目。10纲为：京师志、地理志、河渠志、食货志、经政志、故事志、官师志、人物志、艺文志、金石志。张之洞亲撰《修志略例》27则。

光绪《顺天府志》有不少特点：其一，是志无空文、无臆说，凡事必注明出处，而且引书使用最早的版本，言必有据。其二，历来方志均把修纂者名单列于卷首，而此志每卷皆标明为某人所撰，以做到文责自负，在方志中尚属首创。其三，分类标目更为贴切。如在方志中普遍设有的"艺文"目，一般都是将邑人著作与当地史事的记述混淆一起，而此志打破了这个传统习惯，分为"记述顺天事之本"、"顺天人之著述"二目，做到了分异类同。其四，此志《修志略例》，在清代方志中最为完善。如第九条"引书用最初者"，第十二条"采用旧方志及各书，须复检引原书"，第十三条"引书注明第几卷"，第十六条"纪事须具首尾、具年月"等等，至今仍可采用。

 ## 8 试图有所创新的民国方志

辛亥革命结束了清王朝的统治，盘踞中国大地两千多年的封建君主专制制度寿终正寝。但是，中国人民反对帝国主义、封建主义的任务并没有完成。自1919年"五四运动"以后，中国人民在中国共产党的领导下，进行了艰苦卓绝的革命斗争，终于在1949年取得了伟大的人民民主革命斗争的胜利。从1912年至1949年38年间，共修成志书1500余种。从总量上看虽远不及鼎盛的清代，然而每年平均修成志书约40种，进度仍相当可观。从总体上看，这一时期志书的质量不高，但由于社会时代的发展，政治制度的变化，科学文化的进步，志书在体例、内容上均试图有所创新，并出现了一些新式志书。

（1）修志概况

民国年间，战事不休，时局多变，动荡不安，致使修志工作时断时续。

1914年，浙江省首先成立通志局，准备续修《浙江通志》。但在全省范围大规模开展修志，却由山西率先开始。1917年，山西省公署颁发了编修新志的"训令"。第二年，还颁布了著名学者郭象升撰写的《山西各县志书凡例》，规定县志应由图、略、传、表、考5部分组成，并列具目录和注意事项。与此同时，史学家邓之诚发表了有影响的《省志今例发凡》，提出国体既变，省志体例必须改变的意见，认为新编省志应由图、表、纪、志、传组成。还具体要求"图"应用科学方法绘制；"表"应列沿革、职官、人物、学制、户口、商务等；"通纪"即大事记，撰述本地古今大事；"志"要因时创新，不拘泥守旧；"传"要包罗各阶层

各类人物。(《地学杂志》，民国六年第九卷一至六期)
上述《凡例》和《发凡》，对当时修志起了指导推动作用。继浙江、江西之后，广东、福建、陕西、江苏、贵州等省，建立了文献委员会、通志馆或通志局，开始编修省志并指导县志编纂。

南北统一后，国民政府命令在全国范围内大规模纂修地方志。1929年12月，国民政府内务部颁布《修志事例概要》22条，要求各省建立通志馆，并对方志编纂提出许多规定，在内容和体例上比民国以前的旧志都有了发展，注意提高方志的科学性与实用性。

《概要》颁布后，原来尚未建立修志机构的省，纷纷建立了通志馆；原来已有机构的，工作亦有所发展。通志馆一般都是学者名流主持其事。如柳亚子为上海通志馆长，吴廷燮为奉天通志馆总纂，余绍宋为浙江通志馆馆长，吴宗慈为江西通志馆馆长，瞿宣颖为河北通志馆馆长等。正因如此，《概要》公布后，在不太长的时间内即陆续编成了几部通志和一部首都志。如杨虎城、邵力子主修的《陕西通志》，叶楚伧、柳诒徵主编的《首都志》，宋哲元修的《察哈尔通志》，吴宗慈修的《江西通志稿》，龙云、卢汉主修的《云南通志》等，都是在抗日战争爆发前编成或出版的。至于县志，为数更多。据不完全统计，抗战前修成的志书约有190余种。

抗日战争时期，全国大部分地区的修志工作都已中断。但处于后方的一些地区，仍在艰苦的条件下坚持修志。西北联大教授黎锦熙主持纂修《城固县志》、

《洛川县志》、《黄陵县志》、《宜川县志》、《同官县志》。顾颉刚、傅振伦主持纂修《北碚志》等。"九一八事变"以后，东北沦陷区也出现了一些志书，删除了对日本军国主义者不利的内容，宣扬所谓的"东亚共荣"、"王道乐土"等为帝国主义服务的殖民主义思想，使当地志书蒙受了耻辱。

1944 年 5 月，国民政府内政部发布《地方志书纂修办法》9 条，规定省志 30 年一修，市、县志 15 年一修，要求各地的志书事宜，一律由各省、市、县政府督促各地的文献委员会负责办理。抗战胜利后，1946 年 10 月又重新公布了这个《办法》。但因为当时内战又起，这个办法也就成了一纸空文。不过一些在抗战时期中断工作的志馆，又恢复了工作，编成或刊印了一些省志。《民国贵州通志》于 1948 年印行。《民国新纂云南通志》于 1949 年印行。《民国湖南省志稿》于 1948 年修成稿本。还有几部省志稿本没有成本。

（2）志书内容的更新

民国时期是一个激烈变动的时期。社会、经济在发生变化，新的政治力量在出现和发展，科学、民主思想在传播和发扬，马克思列宁主义在中国大地上扎根和成长壮大。所有这些，不能不说这一时期的方志有所更新。

首先，民国的志书相当重视对新政的记述。光绪末年，清政府推行新政，民国以降，某些新政内容仍在实行，而民国本身又出现了一些新事物。这些内容，在民国的志书中都得到了程度不同的反映。例如，《民国续修江都县志》在"序言"中就明言：由于在庚子年（1900年）以后，"设学堂、立警察、兴实业、筹自治，凡诸新政，其事皆前志所无"，因此在志书中"门目不得不增"。又由于实行新政，增收和特设了不少"率外之税，例外之捐"，这些也"不得不备载"。（《续修四库全书提要》）在《民国定县志》设新政篇，记述户口、警察、司法、交通、自治等内容。《民国慈利县志》也在有关类篇中记述警察所、教育会、劝学所、学校、邮政局、电报局、警备队，还载录了《中华民国统一政府第一届议员表》、《选举区域表》、《学校表》、《毕业生表》、《学田表》等。这些内容，都是在清以前的志书中所没有的。

第二，扩大了经济在志书中的比重。封建王朝时期的方志，多重人文而轻经济，于土地、赋税之外，其余很少涉及。一般经济内容只占志书的十分之一，甚至不及。如32卷的明代《吴兴备志》，经济仅有二卷；14卷的清代《云中郡志》，经济仅有一卷。民国志书有所改观。民国期间，方志界明确提出："社会经济，在今日应为全志之骨干。"（李泰棻《方地学》）因而经济部类扩大到十分之二，多者达十分之三、四。如《察哈尔通志》28卷，经济就有11卷，占全志十分之四；《崇义县志》分自然篇、经济篇、人文篇，而经济篇文字还多于其他两篇。在经济内容中，从前视为末技的工商业，受到了重视，多数志书有实业门类，有些志书还记述较详。部分地方志不局限单纯反映经济状况，还着眼于积极引导经济的发展。如《松滋县志》指出：农、工、商三方面应该"分工以尽其长，合作以补其短。"如果工、商、农"成三角形之发展，则振兴有望矣。"希望地方上不但重视农业而且要重视工业和商业。

第三，重视运用最新科技知识编志。由于时代的进步，科学知识的学习，不少方志工作者都力图运用最新科学技术知识编纂志书。例如，在一些志书中，已摒弃了自裴秀制图六体以来的方格地图，而改用经纬网格式的实测地图。《民国徐沟县志》绘制了全县图和城关图，测绘了子午线、磁偏角、经纬度、海拔和等高线，还绘制了地质图。《民国东莞县志》、《开平县志》等，都采用了陆军测绘局图。《民国首都志》的气候门中，有概论和分论（气压、温度、雨量、湿度、风、云、天气之变动），《民国歙县志》的暑度门，附有歙县北极出地高度图和歙县节气太阳到方时刻表。《民国万泉县志》对本县70余种物产的品类、特性、生产，以至病虫害的防治，都有详细记载。《民国鄞县志通志》对植物采用二名法，即在植物中文名称之下，加注拉丁文的学名。《民国洛川县志》设有卫生志，对人们的饮食习惯、食品热量、营养价值等都有记载。这类内容，也是清代志书中所没有的。

第四，不少志书中体现了反帝爱国思想。例如，《佛山县忠义乡志》揭露了帝国主义侵略使中国手工业、商业遭到排挤和打击。《修武县志》共16卷，就以两卷的篇幅反映了清光绪二十四年英商福公司在焦作开办煤矿以来进行的经济侵略，以及工人、地方当局进行收回矿权的斗争。既有交涉始末、斗争史迹，又附各项条约文件，互相印证，是研究帝国主义侵华史的一项有用资料。《察哈尔通志·大事记》不仅详尽地写下了1933年二十九军"枪口绝不对内"的抗日第一思想，而且批驳了蒋介石"攘外必先安内"的主张。

第五，很多志书都淘汰封建迷信，削减了"烈女节妇"。过去方志中，不科学的"星次"、"分野"之说，"堪舆"之说，在民国方志中很难见到。宣扬封建"贞节"的"烈女节妇"，在民国方志中数予以摒弃，个别志书即使有，但篇幅也大为缩小。

（3）志书体例的变革

民国时期，由于志书内容的更新，学者们对旧志体例弊端的进一步认识，促使修志工作者必须变革志书编纂体例。

第一，实行新旧分编。在必须"断代分志"的思想影响下，民国不少志书采用新旧分编、各自为例的办法，解决新旧体例不协调的矛盾。例如：民国《南康县志》，"自民国纪元起，新立门类，名曰《南康县志》第一编。"而民国元年以前的内容则列为"《南康县志》第一编。"民国《宁乡县志》全书20卷，分4大部分，第一部分为明代以来各志序跋；第二部分为地理形胜；第三部分为故事，包括县纪年、建置、财用、礼教、艺文、兵备、道释、志历等8录，官师、先民、女士等3传及官师谱；第四部分为新志，以区别于旧内容。除了实行新旧分篇外，还有些志书干脆分为新旧两书。例如，王怀斌除了纂修《民国澄城续志》，记叙自咸丰至清末之事，并"一遵旧志体裁"外，为了"志今之事"，又另立新体例，纂成《民国澄城附志》。

第二，在旧体例基础上分立新目。民国年间的志书，大多仍采用前清体例，但为了适应当时政治、经济、社会等方面的变化，分立了一些新目。例如，《民国平阳县志》设舆地、建置、学校、食货、兵卫、职官、选举、人物、神教、经籍、古迹、杂事等志，与旧志区别不大。但在选举志中增设了咨议局、省议会、县议会、教育会、商会、农会等新目。虽然其归类显然欠妥，但可见其并非一仍旧志体例，企图作分立新目的尝试。《民国南陵县志》设舆地、学校、武备、营建、食货、职官、选举、人物、烈女、艺文、经籍、金石、杂志等志。但在各志中另增了不少新目。如舆地志中增设自治区域，学校志增加学堂，营建志新添教堂，选举志中，加入议员、自治区员、毕业等子目。

第三，大刀阔斧地采用全新志目。例如，《民国济宁县志》，"体例纯取新法，与旧志大异"，创置了不少新门类，如教育、交通、自治、宗教等，都是社会、文化的最重要方面。《民国乐昌县志》在15门中，除了部分旧门目仍沿用外，为了"因时制宜"，设立了财政、事（实）业、议会、党部等类。《民国广东通志稿》分为24目：训典、山川、地形、地质、城市、村制、医院、寺观、灾变、警政、物产、税收、盐法、公债、兵制、外交、公路、航政、邮政、大事记、金石、铜鼓、列传、杂录。其体例篇目已初具现代志书性质。

第四，撰写更趋于大众化。为了使更多人能读懂方志，乐于运用方志，民国时不少编志者，在撰写志书时，往往都注重大众化，口语化。例如，《民国南康县志》在《凡例》中明确规定，"编纂用浅显文言，惟求详实明达，加以新式标点，使一般公民能阅读了解。"《民国醴陵县志》方言志中对语言区域、源流的辨析，颇为精详，并用赵元任增减国际音标注音。《民国川沙县志》，每分志前均设概述，便于读者读每一分志前，先对志中内容有大致了解。

但在民国志书中，无论在内容与体例设置上都有不少问题。例如，《民国龙游县志》还顽固地硬要保留"贞节"一门。而黎锦熙主持编纂的《洛川县志》、《同官县志》，在大事年表内，把与本地无关的世界历史事件都收录进来，过于标新立异。其余志书也或多或少有类似毛病。

（4）民国时的几部志书

《胶澳志》。

《胶澳志》，赵琪修、袁荣安等纂。这是青岛市的第一部方志。胶澳，原属胶州即墨之地，清光绪二十三年（1877年）被德国武力侵占，次年辟为商港和军港。第一次世界大战期间又为日本强占。1922年终于归还我国。赵琪于1925年任胶澳商埠总办后，因为这里以前从未修过志，于是聘请袁荣安等编纂。全书12卷（志）、52目。即沿革志，下分历代设治沿革、德人租借始末、日本占据始末、中国回收始末等目；方舆志，下分境界、面积、山川、岛屿、地质、气候、里程等目；民社志，下分户口、方言、风俗、宗教、生活、职业、工资、物价、结社、养恤、犯罪、游览、移殖等目；政治志，下分设官、法制、警察、卫生、自治、司法等目；食货志，下分农业、林业、渔业、盐业、矿业、商业、工业等目；交通志，下分道路、邮电、胶济铁路、航运等目；教育志；建置志，下分港湾、沟渠、桥梁、水道、公产等目；艺文志，下分书目、文存、金石等目；大事记。从篇目看，该志书的确有所创新，反映了青岛市近代政治、经济各方面的变化。"考据往昔，记述近事，均极详明，盖新志中之模范也。"（《续修四库全书提要》）更可贵的是，志中详细记载了列强的侵略行径和青岛人民反抗帝国主义的斗争，为研究近代史提供了宝贵资料。

《川沙县志》。

《川沙县志》是著名教育家黄炎培编纂。这部志书是民国方志的代表作之一。黄炎培为川沙人，出于对故乡的热爱，他亲自执笔撰写，1934 年纂成此书。全志共 24 卷，首为大事记，末为叙录，主体部分为舆地、户口、物产、实业、工程、交通、财赋、教育、卫生、慈善、祠祀、宗教、方俗、艺文、人物、职官、选举、议会、习法、警务、兵防、故实等 22 志。各志之前，都以概述作为起首，说明大要。体例得当，结构严谨。不论从门类设置上，还是从叙述内容上都能体现近代社会经济的新变化。这是本志特点之一。

《川沙县志》在导言中强调，方志不能仅仅着眼于所在一隅，应当驰神全国，乃至全世界。因此，该志大事年表，将县内大事同国内外大事联系起来写，使县人看清世界及全国形势，避免局限一隅，坐井观天的弊病。在其他门类志中，运用现代调查统计方法，设立各种表格，提供了丰富的数据资料，使志书具有现代科学气息。这是此书特点之二。

县志着手编纂之时，正当"九一八事变"后，日军进而发动"一·二八事变"，妄图在上海建立侵略基地之际。川沙与上海接壤，直接受到威胁，因而黄炎培把防备侵犯作为"唯一要政"，详尽记述明代以来倭寇骚扰之危害，以及川沙人民抗御倭寇侵略的英勇斗争，使大家温故知新，加强爱国主义精神。这也是此志特点之三。

黄炎培《川沙县志》对太平天国、上海小刀会起义，都作了正面反映，而一改其他志书称之为"匪"、"逆"、"贼"。他对"劳者歌其事，饥者叹其苦"的民歌极为珍视，在《方俗志》中采集了川沙民歌90首。如此等等，充分体现出此书对劳动人民所寄予的同情。这就是《川沙县志》第四个特点。顾炳权因此认为，此志书是"民国年间方志的翘楚"。（略谈黄炎培与《川沙县志》，载《中国方志家研究》）

《续安阳县志》。

《续安阳县志》，由王幼侨修，裴希度、董作宾等纂。定稿于1933年。共16卷：大事记、职官表、地理志、民政志、财政志、交通志、实业志、教育志、兵防志、社会志、宗教志、建置志、古迹志、艺文志、循政志、人物志。卷末附刊《续金石录和甲骨文》。全

139

书经济史料比较丰富，而更重要的是所记甲骨文惹人注目，极富学术价值。

安阳小屯，曾为商代盘庚迁殷的殷都，历经 272 年，周武王灭商后沦为废墟，几千年无人知晓。光绪二十五年（1899 年），郭葆昌、王懿荣在此发现甲骨文后，清朝末年民国初年古董商纷至沓来，大肆收购出土的甲骨。1928 年，中央研究院历史语言研究所派李济、董作宾等到此发掘。适逢当时安阳要修志，随聘董作宾参与编纂。董作宾，字彦堂，河南南阳人，为甲骨文专家，与王观堂（国维）、罗雪堂（振玉）、郭鼎堂（沫若）并称"甲骨四堂"。《续安阳志》中所附《续全石录和甲骨文》即为董氏编定。书中设有《殷墟文字著作书目一览表》、《殷墟古物发现年月考》、《殷墟出土古物表》等。所收甲骨均为精品，并附王国维、郭沫若诸家的释文。这些均为甲骨学的珍贵文献。

《鄞县通志》。

《鄞县通志》，张传保修，陈训正、马瀛纂。陈训正，字无邪，号天婴，曾参加辛亥革命，后任浙江省政府代理主席、西湖博物馆馆长，生平著述甚多。1932 年，受聘主纂《鄞县通志》，1935 年稿成，开始分册铅印，直至 1951 年全部印就。全书分舆地志、政教志、博物志、文献志、食货志、工程志 6 个部分，共 51 篇。篇下设目，目下又设子目。共 500 万字，为县志中篇幅最大的。此志书体例较为完善，在民国方志中亦可算佼佼者。纂者在《例言》中申明，此志重于实用，"为一邑建设改革之参考"，非如过往官绅阶级，以作"表扬先世，恭敬桑梓或游览名胜及茶余酒后作谈助之编纂也"。志书《例言》相当精到："本书重近世而轻古代，一也；重现在而轻过去，二也；重改革而轻保守，三也；重演变而轻固定，四也；重群众而轻个人，五也；重社会团体而轻家族及少数人，六也；重通俗文艺而轻寻章摘句，七也；重耳目实验而轻引经据典，八也。此为本书不易之原则。在当时能如此敢于破立，确实难得。"

《鄞县通志》的内容极为丰富。例如，《食货志》中设农、渔、林、工、商、产销、金融、生计等篇，《产销篇》中又分生产、输入、输出、运输、统计等目，记载了大量实用的材料。

《鄞县通志》还十分注重运用科学方法进行编修。如对于植物，按植物分类学分类，用其学名进行记述。这在民国方志中亦不多见。同时，还编制了按笔画顺序排列的《子目分编索引》，这在方志界中应属首创。

《洛川县志》。

《洛川县志》由著名语言学家、方志学家黎锦熙主编，亦是一部佳志。成书于抗日战争期间。全志28卷，首为大事年表，末为丛录。主体为24志：疆域建置、气候、地质、山水、人口、物产、地政农业、工商、交通、吏治、自治保甲、社会、财政、军警、司法、党团、卫生、教育、宗教祠祀、古迹古物、氏族、风俗、方言谣谚、人物。各志排列顺序颇为得当，从自然到社会，从经济基础到上层建筑。而在上层建筑领域又是从政治到文化。为了发挥方志在科学资源、地情介绍、教学材料、旅行指导的几方面作用，对仅有 6 万人口的洛川县志书，黎锦熙却洋洋洒洒撰成 40 多万字。如《地政农业志》，不仅对全县家畜家禽作了详尽统计，而且还将家畜家禽的常见病及医治办法，也都写进了县志。在《方言谣谚志》中设置《方音谱》、《方音分类词汇》、《俗谚类征》、《歌谣小集》等篇，约 6 万字。不但对研究洛川方言作用甚大，而且对陕北、关中的语言研究，也有极大的参考价值。

《海南岛新志》。

《海南岛新志》由陈植编纂，于 1949 年 2 月由商务印书馆出版，是民国时期出版的最后一部方志。抗日战争胜利后，陈植被派往海南岛进行接收。在周游全岛后，陈植了解到岛上资源丰富，自然条件优越，很有发展前途。于是他撰写了这部著述性的志书。

《海志岛新志》有两大特点：

其一，在体例上破除了传统的门目体，采用章节体。全书分 11 章，章下为节。既方便记述，又能使各章节间有机结合，避免了旧志那种互不联系的弊病。书的第一章为绪言，第二章沿革，第三章自然环境，第四章本岛与国际间之关系，第五章行政，第六章社会组织，第七章文化，第八章资源，第九章产业，第十章交通，第十一章结语。如第一章第四节"气候"，下分三目："其一温度"，"其二雨量"，"其三风"。层次分明，分类合理，标题醒目。

其二，运用横向比较法，对海南情况的反映有所深化，从而大大提高了志书的科学性和借鉴作用。陈氏还运用大量资料将海南和台湾进行对比研究。他认为，海南面积"三百四十二万公顷左右，较之台湾约小百分之五"，二者幅员相近。气候方面"其积算温度，则海口（8807.7度）、三亚（9113度），视台北（7919度）、台南（8494度）为大，故以一般植物发育条件视之，本岛当视台湾更胜一筹也。"并明确指出，"本岛为我国惟一的热带圈地，如果能善为经营，则其经济价值，尤在台湾之上。"海南与台湾，同为我国"海上双目"。阐明了开发海南岛的必要性和可能性。这对日后海南岛的整体开发，起到了重要的参考作用。

三　方志的价值

　　我国历代方志编纂从一开始就具有明确的目的性，它是为实用而编纂的，即所谓"资治、存史、教化"等功能。而对我们今天的读者来说，方志的实用性主要表现在它保存有关于我国自然社会、人文历史和现状的极其丰富的资料，是我们认识国情、地情的一个重要来源；对于科学研究工作来说，不论是自然科学还是社会科学，又是一个重要的研究资料库。新中国成立以来，我们的科学工作者在开发历代方志地震史资料、天文史资料和气象史资料等方面，都做出了令海内外注目的成果。实际上，这只是这座富饶的宝藏的一个很小部分，有待开发的方面尚有很多。要想全面评估历代方志所蕴藏的价值，不是本文作者力之所能。这里只能作为举例，从隋唐方志说起，就某些方面作一些介绍。

　　需要说明的是，在强调历代方志蓄藏极丰富的资料的同时，也必须客观地指出，在使用旧志的资料时，应采取慎审态度。要作分析研究，仔细甄别资料的可靠性。因为旧志虽然保存了丰富的资料，但由于相当一部分旧志的编纂者水平不高，志书质量较低，其中资料的可信度也大为降低。对此，又必须保持清醒头脑。

 隋唐方志

现存隋唐方志数目虽然不多，但史料价值却十分宝贵。

出于维护和巩固大一统帝国之需，唐代方志十分重视同军事攻防攸关的地理形势的记载，诸如山川、形势、关隘、津渡、城邑、堡寨、驿站等，均详加收录。如《江夏图经》，今可考的佚文10条，其中8条记载了静山等8座山的形势。《沙州图经》一一介绍了州内10所驿站的方位、里程、置改时间及得名的由来。如："清泉驿，在州东北四十里，去横涧驿二十里，承前驿路，在瓜州常乐县西南。刺史李无亏以旧路石碛、山险、迂曲、近贼，奏请近北安置。奉天授二年五月十八日勒移就北，其驿置在神泉观左侧，故名神泉驿。今为清泉戍，置在驿旁，因故为清泉驿。"《蛮书》依次载录了从成都府至云南的51所驿的驿名以及相互间的里程等。

唐代方志对奇特的自然景观记载尤细。如《桂林风土记》相当逼真地记述了七星岩的岩溶洞穴："奇特观在府郭三里，隔长河，其东南皆崇山巨壑，绿竹青松，崆峒幽奇，登临险隘，不可名状。有石门，似公府之状而隘，汇烛行五十步，有洞穴，坦平如球场，可容千百人。如此者八九所，约略相似。皆有清泉绿水，乳液葩浆、怪石嵌空，龙盘虎踞。引烛缘涉，竟日而还，终莫能际。"

唐代志书中，对于水体的记载也比较详密。例如，《沙州图经》残存的25个门目中，关于水的门目就有8个：（水）、渠、壕堑、泽、堰、故堤、盐池水、湖泊。"水"，详细记述了烽水、甘泉水、苦水及独利河水的发源、流向、长度、流经地势、分水灌溉及其物产情况。又如《信都记》载："白沟水，地接馆陶界，隋炀帝导为永济渠，亦名御河。南自相州洹水县界流入，又北难河出焉。盖魏时河难，所以导以利行故渎，故此渎有难之称矣。"（《太平御览》卷六十四）

唐代方志对于物产的记载亦十分重视。例如从早佚的袁滋《云南记》辑佚中可知，此志载有云南出产的稻、茶、橘、橙、柚、梨、桃、李、梅、杏、蒲桃、藤、余甘子、实心竹、槟榔、椰子、大松子等19种物产。而且每种物产记载都十分详细。如槟榔条载："云南有大腹槟榔，在枝朵上，色犹青。每一朵有三二百颗。又有剖之为四片者，以竹串穿之，阴干则可久放。其青者亦剖之，以一片青叶及蛤粉和嚼咽，其汁即似咸涩味。云南每食讫，则下之。"（《太平御览》卷九百七十一）类似这样的记载，对于云南农业史及古代社会生活的研究都是十分宝贵的资料。对于工矿产品的记载，唐代方志也不少。如《信州图经》载："铅山出铅，先置信州之时铸铅，百姓开采得铅，什而税一。建中元封禁，贞元间置永平监。其山又出铜及青碌。"

（《太平御览》卷一百零七）又如《陵州图经》载：
"陵州盐井，后汉仙者沛国张道陵之所开凿。周回四
丈，深五百四十尺。置灶煮盐，一分入官，二分入百
姓家，因利所以聚人，因人所以成邑。万岁通天二年，
右补阙郭文简奏：卖水，一日一夜，得四十五万贯。"
（《太平广记》卷三百九十九）

唐代方志还对地方上的大事予以记载，对国史起
到拾遗补缺的作用。如《蛮书》对六诏一一载明诏主
的身世、势力范围及其争斗的史实，并反映了 21 个少
数民族的基本情况，是研究南诏国历史的珍贵史料。
再如唐代信州曾析置武安县，而两《唐书·地理志》
均不载。而《信安记》却填补了此项空白。志中称：
"证圣二年，割常山、须江、饶州之弋阳三县，置武安
县，以地有武安山，因以为名。"（《太平寰宇记》卷
九十七）武安县后废入龙丘县，其地在今浙江龙游县。
又如北周武帝时击溃陈将吴明彻，史书对此虽有所记，
但其后"迁其人于灵州"，使荒漠之地有了"崇礼好
学"的江左之士，促进了灵州经济文化的发展的历史，
则仅见于《灵州图经》的记载。（《太平御览》卷一百
六十四）

其次，唐代方志还为我们提供了不少关于地名学
的知识。当时的地名，有以物产命名的地名，如饶
州，"以山川蕴物珍奇故名饶"（《饶州图经》）。以山
脉命名的县名如"邯郸，郸，尽也；邯，山名。谓邯
山之所尽也"（《洛州图经》）。以河流命名的县名，
如赣县："章、贡二水双流至县，合为赣水，其间置

邑，因以名县"（《虔州图经》）。以交通情况命名的地名，如通州："以其居西达三路，故以为名"（《通州图经》）。

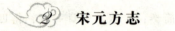

宋元方志

宋元方志的编撰者多注重实地调查，保存了大量地方史料，因此，长期以来受到学术界的重视。较为突出的有如下几方面。

第一，自然地理内容丰富。如淳祐《临安志》卷十所载至和三年（1056年）吕昌明重定的浙江"潮候"表，极为珍贵。他根据长期实测的结果，将每月海潮落的时辰和潮汐的大小程度记录下来，对于往来船舶适应潮汐涨落避免不测，有着极大的实用价值。元代宣昭从《临安志》中发现潮候表，如获至宝，将其刻在石碑上，立于钱塘江边，以便舟人注意潮候。吕昌明的这个潮候表，比欧洲最早的"伦敦桥涨潮表"要早两个世纪，受到各国科学家的重视。又如常棠《澉水志》，对海岸侵蚀地形的记录，是研究浙江沿海地理历史变迁的珍贵资料。志中说："旧传沿海有三十六条沙岸，九涂十八滩，至黄盘山上岸。去绍兴三十六里，风清日白，叫卖声相闻。"但到了宋代，黄盘山却变成海中孤岛。"黄盘山邈在海中，桥柱犹存。淳祐十年，犹有于旁滩潮里得古井及小石桥、大树根之类，验井砖上字，则知东晋时屯兵处。"

第二，户口内容详细。宋代方志克服了过往方志关于户口记载过于简略的缺陷，记述尤详。如辑佚的开庆《临汀志》，在"户口"门内，先述历史人口："汀，初隶晋安，为新罗县，唐开元间，福州长史唐循忠，携引诱逋逃户三千余置郡。贞元杜佑作《通典》，户五千三百三十，口万五千九百九十五。迨宋朝承平日久，生聚日滋，《元丰九域志》已载主户六万六千一百五十七，客户一万五千二百九十九，视唐既数倍。庆元《旧志》，载主客户二十一万八千五百七十，主客丁四十五万三千二百三十一，视元丰又数倍。虽中更绍定寇攘，因以饥馑流亡，几致减半，数年来，寻复其旧，有以见宋朝鸿恩庞泽涵育之深云。"然后，分祖账户、主户（分坊市和乡村两类）、客户（亦分坊市、乡村两类），之下分"丁"与"老丁单丁残疾不成丁"几类统计，知汀州"除新收落账外，见管二十二万三千四百三十三户，计三十三万五千一百（零）六丁，老小单丁残疾不成丁一十九万九千七百八十四人，总计五十三万四千八百九十口。"以下为主户户数与丁和不成丁相加之口数，客户户数与丁和不成丁相加之口数。《临汀志》载户口之详细，实为方志中所罕见。

第三，物产记载内容厚富。浙江农业大学游修龄从 12 种宋代方志中，发现籼粳稻品种 155 个，糯稻品种 57 个，共计 212 个品种，从而掌握我国历史上较早的最多的水稻品种资源，并进而论证了品种资源的继承性、变异性和多样性。（游修龄《方志在农业科学史上的意义》，载《中国地方志总论》）又如《仙溪志》

卷一详细记载仙游县的物产："县境依山濒海，故水陆之产，足于他邦。五谷之种，随所宜树；六牲之物，随所宜畜。酒则以糠为曲，盐则编竹为盆。货殖之列，则捣蔗为糖，渍蓝为靛。红花可以朱，茈草可以紫。布帛之幅，则治麻与蕉，织丝以纻。纱出于土机者最精，绸𦈎于蚕户者为良。用物则窠蜂而取蜜，且溶其房以蜡。灰砺而柔竹，则蒸其屑为纸。炼铅而粉，采柏而烛，凝土而燔之窑，则埏埴之器通于三邑，煮铁而出之模，则鼎釜之利及于旁郡。"充分反映了南宋时期仙游县丰富的农产、畜牧、手工、工矿等物产及其工艺流程，是十分难得的资料。嘉泰《吴兴志》卷二十"物产"记载柑橘品种较详：柑有乳柑、沙柑、青柑、山柑、注柑、朱柑、黄柑、石柑，橘有朱橘、乳橘、塌橘、山橘。对研究柑橘的发展史，颇有价值。至元《嘉禾志》所记物产相当全面，它分为谷之品（11 种）、帛之品（13 种）、货之品（1 种）、药之品（26 种）、果之品（23 种）、菜之品（23 种）、木之品（14 种）、草之品（6 种）、竹之品（7 种）、禽之品（23 种）、兽之品（5 种）、鱼之品（38 种），共 12 类、190 种。

第四，对生产及民生疾苦有所志述。《桂海虞衡志》载，"以舟楫为家，采海物为生"的蜑家人原始的采珠方式："没水采取，旁人以绳系其腰，绳动摇则引而上。先煮毳衲极热，出水急覆之，不然寒栗而死。或遇大鱼蛟兽诸海怪，为𩾃鬣所触，往往溃腹折支，人见血一缕浮水面，知蜑死矣"。这是最早详细叙述原始采珠方法及采珠生涯艰险的史料。景定《严州续志》载：咸淳四年（1268年），建德县大旱，"方数千里，颗粒无收。至明年春，乃捣乌昧、采芜菁，又屑山木之肤为食。"又载，嘉熙四年（1240年）"严州夏秋大旱，明年春，民以橡蕨救死，路殍相枕藉。"可见灾年百姓之苦。

第五，记述外贸的发展。宋代的外贸比之以往大有发展。《赤城志》、《三山志》、《四明志》诸书都有所志述。宝庆《四明志》在"叙赋"门专设"市舶"一目，反映宁波设置市舶司的历史及其重要位置。宁波在当时对海外贸易有四路，一为高句丽（今朝鲜），一为日本，一为占城（今越南南部），一为"外化"（确址不明，可能为东南亚）。每路均记其通商货物的品名。如与高句丽通往之杂货，"细邑"有银子、人参、麝香、红花、茯苓、蜡，"粗色"有大布、小布、毛丝布、绸、松子松花、栗、枣肉、榛子、榧子、杏仁、细辛、山茱萸、白附子、芜荑、甘草、防风、牛膝、白术、远志、姜黄、香油、紫菜、螺头、螺钿、皮角、翎毛、虎皮、漆、青铜器、又瞰刀、席、合覃。四路通商的货物达200多种。《四明续志》载：庆元府、温州、台州三郡有一丈以上的船三千八百三十只，往来于海上。市舶司每岁进口税收"二三万缗"。元大德《南海志》记述与广州通商的国家达45个，除了较近的占城、真腊（今柬埔寨）外，远在西亚的勿斯离（今伊拉克北境之摩苏尔）等国也同元朝进行贸易。

3 明清方志

　　我们今天所能见到的方志，当数明清时期，特别是清代留存最多。明清两代的方志，对其"致用"性十分注重，并一再强调。因此，志书的实用价值和史料价值，从总体上来说，是历朝历代难以比拟的。除了方志共有的建置沿革、疆域区划、人口、土地外、在以下几个方面比较突出。

　　第一，对于自然，记述更为详细。丁锡奎的光绪《靖边县志》卷四对沙漠地形进行分类，并指出其是否宜于垦殖："明沙、扒拉、碱滩、柳勃居十之七八，有草之地仅十之二三。明沙者，细沙飞流，往往横亘数十县。扒拉者，沙滩陡起，忽高忽陷，累万累千，如阜如坑，绝不能垦。碱滩者，似平之地，土粗味苦，非碱非盐，百草不生。柳勃者，似柳条而丛生，细如人指，长仅三五尺……惟硬沙梁、草地滩，可垦者绝少。"清《黑龙江外记》卷一记述了火山作用形成的地形："墨尔根东南，一日地中忽出火，石块飞腾，声震四野。越数日，火息，其地遂成池沼。此康熙五十八年事。"墨尔根即今嫩江。五大连池，即由此次火山喷发形成。嘉靖《山西通志》卷三十一："弘治十二年五月二十日，朔州城北马圈头空中有声如雷，白气亘天，火光迸裂，落一石。大如小车轮，入地七尺余，遂有碎石迸出二三十里外，色青黑，气如硫磺，质甚坚腻。"这是我国关于陨石的最早的详细记录。同治《竹溪志》卷十六写的极光既逼真又生动:"同治元年八月十九日夜,东北有星,大如月,色似铁炉初出,声则凄凄然,光芒闪烁,人不能仰视。倾之,向北一泻数丈,欲坠复止,止辄动摇,直至半空,忽如银瓶乍破,倾出万斛明珠,缤纷满天,五色俱备,离地丈许始没,没后犹觉余霞散彩,屋瓦皆明。"

第二,注意总结人们抵御自然灾害的经验。如灭蝗之法,康熙《怀柔县新志》卷二是这样记载的:"嘉靖三十九年,飞蝗蔽天,日为之不明,禾稼殆尽。县南郑家庄、高家庄居民,鸣锣焚火,据地挡之,须臾蝗积如山,无分男女,尽出焚埋,两庄独不受害。"这种办法在北方一直沿用了 300 多年。又如消除冰雹之法,光绪《武进阳湖县志》卷二十二载:许宏声任甘肃平凉府盐茶同知,驻固原时,一天"有黑云烈风自西来,吏驰极报曰,大雹至矣,一城尽惊,宏声曰,是可力驱也,亟请提督令军士排鸟枪齐发,声震天,雹遂却,民庐获全。沿边因得却雹法。"再如要防止台风,必须掌握风信,这点,康熙《台湾府志》卷一《风信》记载甚详:"风大而烈者为飓,又甚者为台。飓常骤发,台则有渐。飓或瞬发倏止,台则常连日夜,或数日而止。大约正、二、三、四月发者为飓;五、六、七、八月发者为台。……船在洋中遇飓犹可为,遇台不可受也。过洋以四月、七月、十月为稳,以四月少飓日,七月寒暑初交,十月小阳春候,天气多晴顺也。最忌六月、九月,以六月多台(风)、九月多九降也。"府志还告诫船民:"视天边点黑如簸,簸大则收帆，严舵以待之。瞬息之间，风骤雨至，随刻即止；若遇待少迟，则收帆不及而或至覆舟矣。"此志还总结了台风的前兆。《台湾府志》所载的风信知识，至今仍有参考价值。

第三，对农、林业的记载比以往更为详细。如乾隆《罗江县志》介绍耕犁、疏耘、施肥的具体做法后，特别强调不违农时："凡浸种宜清明节，播种宜趁谷雨节，插秧宜趁芒种节前后五日或十日……五六月阳和之气，所收必丰。稍迟则山雾熏蒸，秋凉冷，五谷多不结实。"光绪《高明县志》总结种桑养鱼相结合的经验，在广东曾普遍推广。《高明县志》载："近年业蚕之家将洼田挖深，取泥覆四周为基，中凹下为塘。基六塘四，基种桑，塘蓄鱼，桑叶饲蚕，蚕矢饲鱼，两利俱全，十倍禾稼。"对造林、护林、保护森林植被等，明清方志均注重志述。例如，同治《攸县志·杂议》载：明嘉靖年间攸县县令裘行恕，针对当时毁林垦地日益严重的情况规定："已开者不复禁止，未开者即多种杂树，断不可再令开垦。如此渐次挽救，设法保卫，庶几合县之山，尚可十留二三。"乾隆《宝坻县志》卷十六指明了发展护堤林的重要意义："筑堤以捍水，尤须栽树以护堤。诚使树植茂盛，则根柢日益蟠深，堤岸也日益坚固……数年以来，两岸成林，四围如荫，不独护堤，且壮观瞻。"

第四，重视记述水利。明隆庆《临江府志》为了保护水利工程，防止"昔浍今亩，昔圩今室"的现象继续发展，在卷六中特将"临江府四县的陂、塘、圩、岸水利共一千七百（零）九所"，并一一说明其名称、位置、长度、宽度、深度，以引起人们的注意。嘉靖《兰阳县志》卷一收录的灸法凿井的经验，适用于北方各地。方法是："凿井有灸法，未及泉可以预知水味。其法先除去浮土二三尺得平地，取艾如卵大，灼火灸之。视烟迹在地上者，其色黄则甘，黑者则苦，白则淡，屡试不诬，如此可免无功之劳，不至及泉而悔也。"又如乾隆《乐亭县志》卷十二总结了利用潮水修建潮田的经验：凡濒海之区，可为潮田，"其法临河开渠，下与潮通。潮来渠满，则闸而留之，以供车戽，中间沟渎地埂，宛转交通，四面筑围，以防水涝。凡属废坏皆成膏田。闻昔明袁中郎为宝坻令，尝行其法于壶卢窝等村，至今赖之。"

第五，有大量关于采煤、冶炼、手工业的记载。例如，明嘉靖《彰德府志》载："安阳县龙山出石炭，入穴取之无穷，取深数十百丈，必先见水，水尽然后炭可取也。炭有数品，其坚者谓之石，软者谓之煤（即煤）。愈臭者，燃之愈难尽。"乾隆《淄川县志》说："凡攻炭，必有井干焉。虽深百尺而不挠。已得炭，然后旁行其隧，视其炭，高者倍人，薄者及身，又薄及肩，又薄及尻。凿者跂，运者驰；凿者坐，运者偻；凿者�卧，运者鳖行。"记述之细，实不多见。乾隆《徽州志》载采矿冶炼情况："凡取矿先认地脉。租赁他人之山，穿入山穴，远至一里。矿尽，又穿他穴。凡入穴，必祷于神。或不幸而覆压者有之。既得矿，必先烹炼，然后煽炉者、看（火）者、上矿者、取钩沙者，各有其任。昼夜番换，约四五十人。"《临江府志》卷七，对明嘉靖隆庆年间，临江府极为发达的手工业记述尤长：当时共有各种工匠一万（零）七百八十六户，除业于当地者三千七百七十四户外，其余分布在北京、南京、南昌三地。工匠种类，计有铁匠、银匠、锡匠、针匠、竹匠、木梳匠、笔匠、琉璃匠等六十二种。

第六，对明清时发达的商业活动多有记载。如嘉靖《河间府志》卷七载："河间行货之商，皆贩缯、贩粟、贩盐、铁、木植之人。贩缯者，至自南京、苏州、临清。贩粟者，至自卫辉、磁州并天津沿河一带。间以岁之丰歉，或籴之使来，粜入使去，皆辇致之。贩铁者，农器居多，至自临清、泊头，皆加马小车而来。贩盐者，至自沧州、天津。贩木植者，至自真定。其诸贩磁器、漆器之类，至自饶州、徽州。"河间成了当时北方的一个商业中心。同治《长兴县志》卷八所记奸商剥削情况很有代表性："长地向多丝行，城市乡镇不下数百家……新丝出市，卖者谓之丝客人，开行代买者谓之丝主人，亦曰秤手。秤手口蜜腹剑，狡猾百出。遇诚实乡民，丝每以重报轻，价每以昂报低。俟其不售出门时，又倍其价以伪许之，以杜其他处成交。俗谓'进门一锤，出门一帚'。锤，言闷头打倒；帚，言扫绝去路也。贫家男妇废寝忘餐，育蚕成丝，其苦不可言状。一岁赋税、租积、衣食、日用皆取给焉。虽善价而沽，犹虞不足，而市侩乃百般侮弄之。"对奸商的剥削手法记述得淋漓尽致。

第七，纠正了史书中某些讹误。如明末农民起义领袖张献忠牺牲地点，吴伟业《绥寇纪略》谓诛于盐亭县，《明史·张献忠传》谓死于盐亭凤凰山，毛奇龄则说病死在蜀中。康熙《西充县志》编纂者李昭治经过实地调查，纠正了上述说法："余，西充人，少闻里中父老言当年手割献忠事……迄于今，过其结营故处，春冬间原谷枕骸遍地，不可胜葬。"并说："凤凰山，治南二十里，流贼张献忠伏诛处。"这种说法，已为今日不少史家所接受。又如春秋时晋国的曲沃，自东汉应劭认为在闻喜后，晋国的新田也就游移于今曲沃。后经杜预、韦昭一再沿用其说，竟成历史定论。但乾隆《曲沃县志》主修者张昉不盲从旧说，经过调查研究后，断定晋国曲沃，在今曲沃县城南之古城，新田在今侯马，并将考证文章载入县志。后由于侯马新田遗址的发现，证实张氏的说法完全正确。

第八，志书中记叙明清时抵御外敌入侵的史绩。例如，乾隆《仙游县志》卷五十二记有抗倭斗争的情况："嘉靖四十有二年，癸亥，冬十有二月，倭寇围城，相持五十余日，知县陈大有、典史陈贤固守，参将戚继光兵至，围解，歼其党。"同治《番禺县志》对广东人民痛惩英军有真切的反映：道光二十一年（1841年）四月"初十晓，英吉利兵大至。村农拟与决战，振臂一呼，锄耰耕耒，至者十万计。忽大雨如注竟夕，彼火药尽湿，枪无所施。且水满、泥深、路歧，奔蹄稻畦中，或窜伏豆篱瓜圃，不知其数。村民悉脔割焉。有酋豪宝刀银甲，馘以献。"再如王树楠总纂的《新疆图志》，特设《国界志》、《交涉志》，记载沙皇俄国威逼腐败无能的清政府签订十余次不平等条约，使我国领土沦失数千百里，谴责俄国"巧取豪夺，以肆意鲸吞，此不仁不义者"，表达了中国人民反帝爱国的思想。

第九，具有地方特色的民俗多有志述。例如康熙《诸罗县志》以十二分之一的篇幅记载了当地风俗民情。志中分汉俗、番俗两大类。番俗又分状貌、服饰、饮食、庐舍、器物、杂俗和方言 7 项，一一详加介绍。此外，还绘制 10 幅《番俗图》，画出高山族的乘屋、插秧、获稻、登场、赛戏、会饮、舂米、捕鹿、捕鱼与采槟榔的情景。文图并茂，极为珍贵。又如光绪《新疆图志》卷十二《礼俗门》，详记新疆各少数民族的语言、服饰、婚丧、居位、饮食、取暖、礼让、娱乐、信仰、节日等。纂者王树楠十分注意尊重少数民族的风习。如写蒙古族游牧天山南北，随水草而居，极为好客："客至必延坐尽饮"。维吾尔族"房屋多筑园林，沟以渠水，为消夏燕游之所"，"其俗纯朴"等。

当代学者张舜徽对方志的社会史料价值，作了较为全面的论述，他认为："方志是保存社会史料的渊薮，那里面的丰富记载，是在其他史籍中不能看到的十分珍贵的文献资料。就拿清代修县志来说吧，嘉庆《增城县志》叙述了'客民'的来历，道光《兴国县志》叙述了'山民'的情况，光绪《朝阳县志》记载了'畲民'的习俗，道光《香山县志》记载了蓄蛊之事，同治《弋阳县志》反映了卖妻之俗，乾隆《丰润县志》杂记了特产工艺，乾隆《景州志》附载了镌刻工价……这一类的材料，保存在方志中的至为繁多，在此不过略举一二示例。凡属于这样的记载，都不是《二十四史》、《九通》、正续《资治通鉴》中所能找到的，诚然是研究社会史的重要依据。"（张舜徽《中国文献学》第十一编第三章《整理地方志书》）

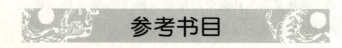

参考书目

1. 朱士嘉编《中国地方志综录》（增订本），商务印书馆，1958。

2. 来新夏主编《方志学概论》，福建人民出版社，1983。

3. 仓修良著《方志学通论》，齐鲁书社，1990。

4. 刘纬毅著《中国地方志》，新华出版社，1991。

5. 王晓岩著《方志演变概论》，辽沈书社，1992。

6. 杨正泰著《中国历史地理要籍介绍》，四川人民出版社，1987。

7. 张秀平、王晓明主编《影响中国的100本书》，广西人民出版社，1993。

8. 陈高华、陈智超等著《中国古代史史料学》，北京出版社，1991。

9. 中国科学院自然科学史研究所地学史组主编《中国古代地理学史》，科学出版社，1984。

10. 王成祖著《中国地理学史》（上册），商务印书馆，1982。

系列名	序号	书名	作者
物化历史系列（28种）	30	石器史话	李宗山
	31	石刻史话	赵 超
	32	古玉史话	卢兆荫
	33	青铜器史话	曹淑芹 殷玮璋
	34	简牍史话	王子今 赵宠亮
	35	陶瓷史话	谢端琚 马文宽
	36	玻璃器史话	安家瑶
	37	家具史话	李宗山
	38	文房四宝史话	李雪梅 安久亮
制度、名物与史事沿革系列（20种）	39	中国早期国家史话	王 和
	40	中华民族史话	陈琳国 陈 群
	41	官制史话	谢保成
	42	宰相史话	刘晖春
	43	监察史话	王 正
	44	科举史话	李尚英
	45	状元史话	宋元强
	46	学校史话	樊克政
	47	书院史话	樊克政
	48	赋役制度史话	徐东升
	49	军制史话	刘昭祥 王晓卫
	50	兵器史话	杨 毅 杨 泓
	51	名战史话	黄朴民
	52	屯田史话	张印栋
	53	商业史话	吴 慧
	54	货币史话	刘精诚 李祖德
	55	宫廷政治史话	任士英
	56	变法史话	王子今
	57	和亲史话	宋 超
	58	海疆开发史话	安 京

系列名	序号	书 名	作 者
交通与交流系列（13种）	59	丝绸之路史话	孟凡人
	60	海上丝路史话	杜 瑜
	61	漕运史话	江太新 苏金玉
	62	驿道史话	王子今
	63	旅行史话	黄石林
	64	航海史话	王 杰 李宝民 王 莉
	65	交通工具史话	郑若葵
	66	中西交流史话	张国刚
	67	满汉文化交流史话	定宜庄
	68	汉藏文化交流史话	刘 忠
	69	蒙藏文化交流史话	丁守璞 杨恩洪
	70	中日文化交流史话	冯佐哲
	71	中国阿拉伯文化交流史话	宋 岘
思想学术系列（21种）	72	文明起源史话	杜金鹏 焦天龙
	73	汉字史话	郭小武
	74	天文学史话	冯 时
	75	地理学史话	杜 瑜
	76	儒家史话	孙开泰
	77	法家史话	孙开泰
	78	兵家史话	王晓卫
	79	玄学史话	张齐明
	80	道教史话	王 卡
	81	佛教史话	魏道儒
	82	中国基督教史话	王美秀
	83	民间信仰史话	侯 杰
	84	训诂学史话	周信炎
	85	帛书史话	陈松长
	86	四书五经史话	黄鸿春

系列名	序号	书名	作者
思想学术系列（21种）	87	史学史话	谢保成
	88	哲学史话	谷 方
	89	方志史话	卫家雄
	90	考古学史话	朱乃诚
	91	物理学史话	王 冰
	92	地图史话	朱玲玲
文学艺术系列（8种）	93	书法史话	朱守道
	94	绘画史话	李福顺
	95	诗歌史话	陶文鹏
	96	散文史话	郑永晓
	97	音韵史话	张惠英
	98	戏曲史话	王卫民
	99	小说史话	周中明 吴家荣
	100	杂技史话	崔乐泉
社会风俗系列（13种）	101	宗族史话	冯尔康 阎爱民
	102	家庭史话	张国刚
	103	婚姻史话	张 涛 项永琴
	104	礼俗史话	王贵民
	105	节俗史话	韩养民 郭兴文
	106	饮食史话	王仁湘
	107	饮茶史话	王仁湘 杨焕新
	108	饮酒史话	袁立泽
	109	服饰史话	赵连赏
	110	体育史话	崔乐泉
	111	养生史话	罗时铭
	112	收藏史话	李雪梅
	113	丧葬史话	张捷夫

系列名	序 号	书 名	作 者
	114	鸦片战争史话	朱谐汉
	115	太平天国史话	张远鹏
	116	洋务运动史话	丁贤俊
	117	甲午战争史话	寇 伟
	118	戊戌维新运动史话	刘悦斌
	119	义和团史话	卞修跃
	120	辛亥革命史话	张海鹏　邓红洲
	121	五四运动史话	常丕军
	122	北洋政府史话	潘 荣　魏又行
	123	国民政府史话	郑则民
	124	十年内战史话	贾 维
近代政治史系列（28种）	125	中华苏维埃史话	温 锐　刘 强
	126	西安事变史话	李义彬
	127	抗日战争史话	荣维木
	128	陕甘宁边区政府史话	刘东社　刘全娥
	129	解放战争史话	朱宗震　汪朝光
	130	革命根据地史话	马洪武　王明生
	131	中国人民解放军史话	荣维木
	132	宪政史话	徐辉琪　付建成
	133	工人运动史话	唐玉良　高爱娣
	134	农民运动史话	方之光　龚 云
	135	青年运动史话	郭贵儒
	136	妇女运动史话	刘 红　刘光永
	137	土地改革史话	董志凯　陈廷煊
	138	买办史话	潘君祥　顾柏荣
	139	四大家族史话	江绍贞
	140	汪伪政权史话	闻少华
	141	伪满洲国史话	齐福霖

系列名	序 号	书 名	作 者
近代经济生活系列（17种）	142	人口史话	姜 涛
	143	禁烟史话	王宏斌
	144	海关史话	陈霞飞 蔡渭洲
	145	铁路史话	龚 云
	146	矿业史话	纪 辛
	147	航运史话	张后铨
	148	邮政史话	修晓波
	149	金融史话	陈争平
	150	通货膨胀史话	郑起东
	151	外债史话	陈争平
	152	商会史话	虞和平
	153	农业改进史话	章 楷
	154	民族工业发展史话	徐建生
	155	灾荒史话	刘仰东 夏明方
	156	流民史话	池子华
	157	秘密社会史话	刘才赋
	158	旗人史话	刘小萌
近代中外关系系列（13种）	159	西洋器物传入中国史话	隋元芬
	160	中外不平等条约史话	李育民
	161	开埠史话	杜 语
	162	教案史话	夏春涛
	163	中英关系史话	孙 庆
	164	中法关系史话	葛夫平
	165	中德关系史话	杜继东
	166	中日关系史话	王建朗
	167	中美关系史话	陶文钊
	168	中俄关系史话	薛衔天
	169	中苏关系史话	黄纪莲
	170	华侨史话	陈 民 任贵祥
	171	华工史话	董丛林

系列名	序号	书名	作者
近代精神文化系列（18种）	172	政治思想史话	朱志敏
	173	伦理道德史话	马勇
	174	启蒙思潮史话	彭平一
	175	三民主义史话	贺渊
	176	社会主义思潮史话	张武　张艳国　喻承久
	177	无政府主义思潮史话	汤庭芬
	178	教育史话	朱从兵
	179	大学史话	金以林
	180	留学史话	刘志强　张学继
	181	法制史话	李力
	182	报刊史话	李仲明
	183	出版史话	刘俐娜
	184	科学技术史话	姜超
	185	翻译史话	王晓丹
	186	美术史话	龚产兴
	187	音乐史话	梁茂春
	188	电影史话	孙立峰
	189	话剧史话	梁淑安
近代区域文化系列（二种）	190	北京史话	果鸿孝
	191	上海史话	马学强　宋钻友
	192	天津史话	罗澍伟
	193	广州史话	张磊　张苹
	194	武汉史话	皮明庥　郑自来
	195	重庆史话	隗瀛涛　沈松平
	196	新疆史话	王建民
	197	西藏史话	徐志民
	198	香港史话	刘蜀永
	199	澳门史话	邓开颂　陆晓敏　杨仁飞
	200	台湾史话	程朝云

《中国史话》主要编辑
出版发行人

总 策 划	谢寿光	王　正	
执行策划	杨　群	徐思彦	宋月华
	梁艳玲	刘晖春	张国春
统　　筹	黄　丹	宋淑洁	
设计总监	孙元明		
市场推广	蔡继辉	刘德顺	李丽丽
责任印制	岳　阳		